ていねいな暮らし

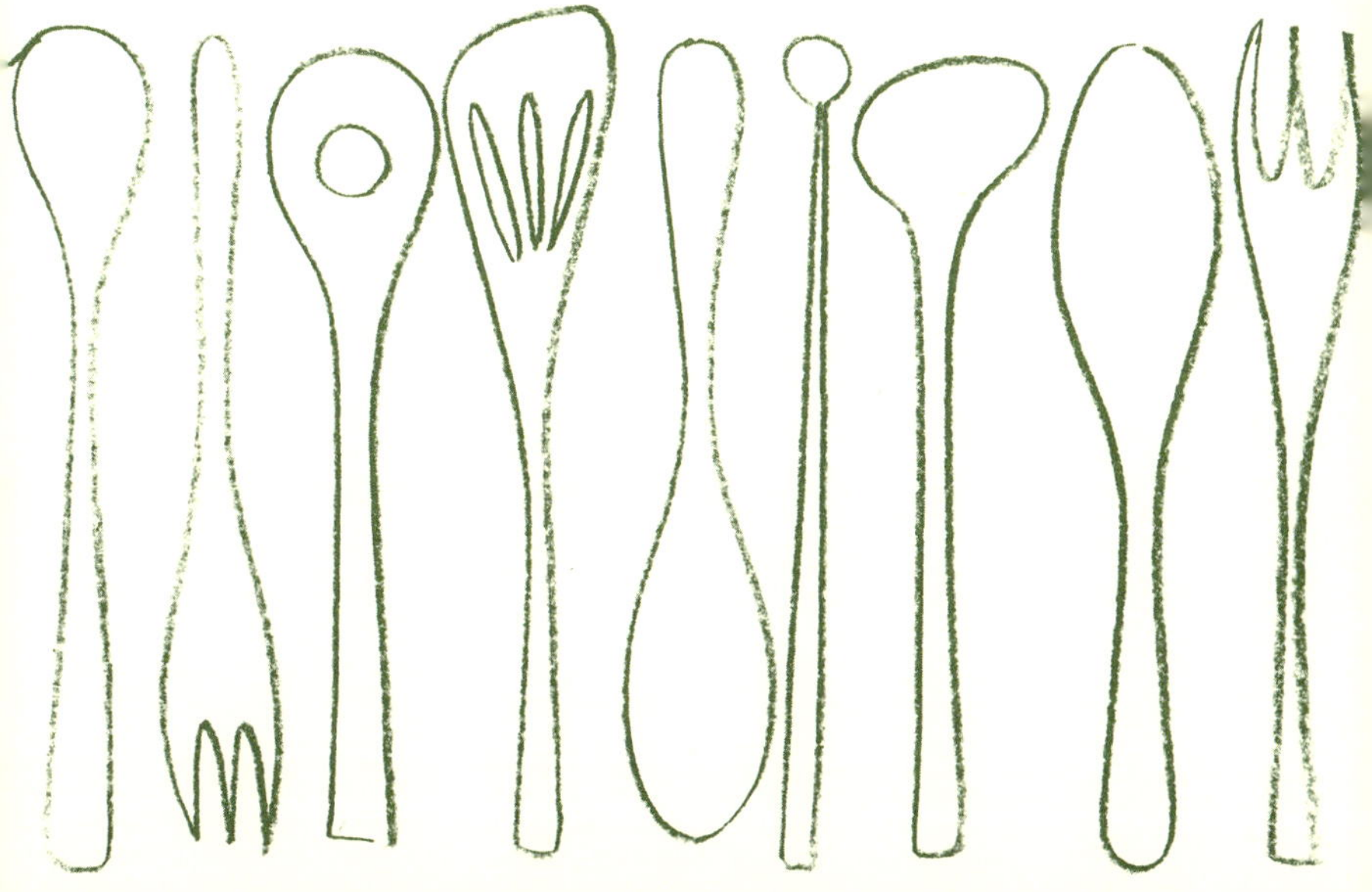

はじめに

暮らしは、自分で作っていくものです。
仕事やパートナーとの関係、住む街、趣味
時代はものすごいスピードで流れていくから、
価値観や状況の変化に合わせて
柔軟な姿勢で、変わっていくことを楽しみたい。

しあわせは人と比べるものではないから
周りをキョロキョロしたり
無理して足並みを揃えるのはもうおしまい。

大事なこととちょっとチカラを抜くところのメリハリをつけたら
いちばん側にいるたいせつな人に
思いやりをもって接することができるでしょう。

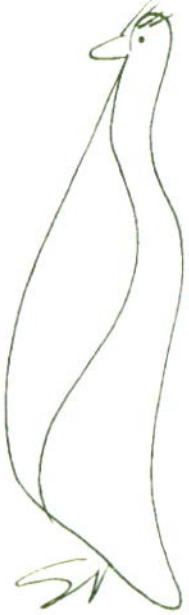

完璧な人になろうと頑張らなくていいんです。
デコボコしたり、ジタバタしているほうが自然だもの。

よろこびは、ありふれた毎日の中にこそある
だいじなものは、ココロの中で育ってる
そのことに、あなたももう、気づいているはずです。

わたしのリズム、わたしのペース。
他の誰でもない、わたしだけのスタイル。

これからは、派手じゃなくてじんわり暖かい暮らしがいい。
美味しいゴハンを食べたり笑ったりしながら
ゆっくりのんびり歩いていきたい。

ていねいな暮らし
なんだか、ちょっといいよね

わたしらしく、のんびりと

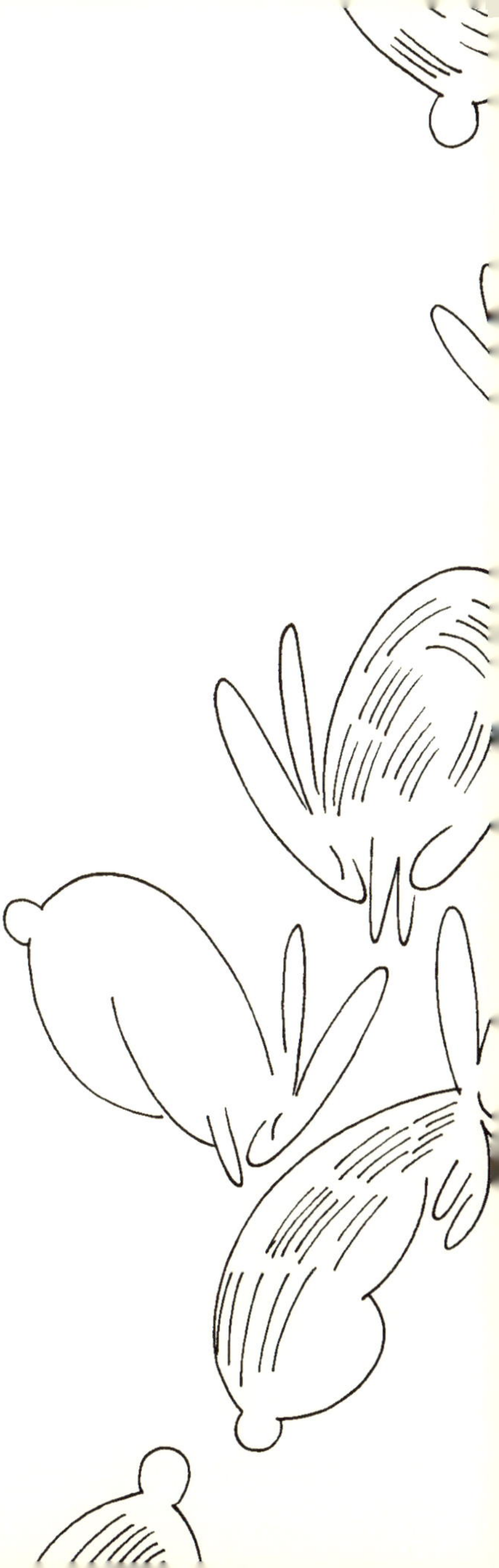

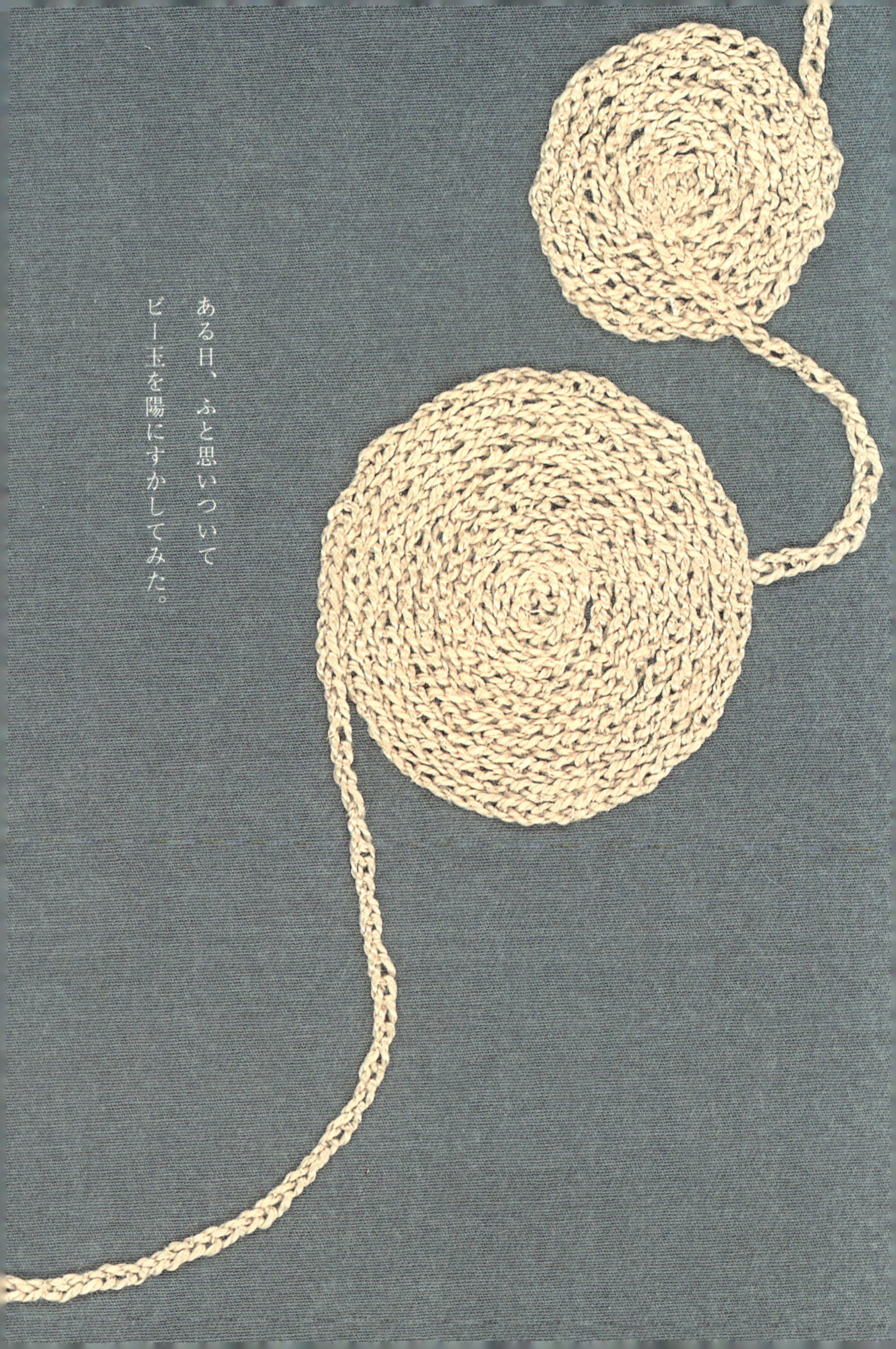

ある日、ふと思いついて
ビー玉を陽にすかしてみた。

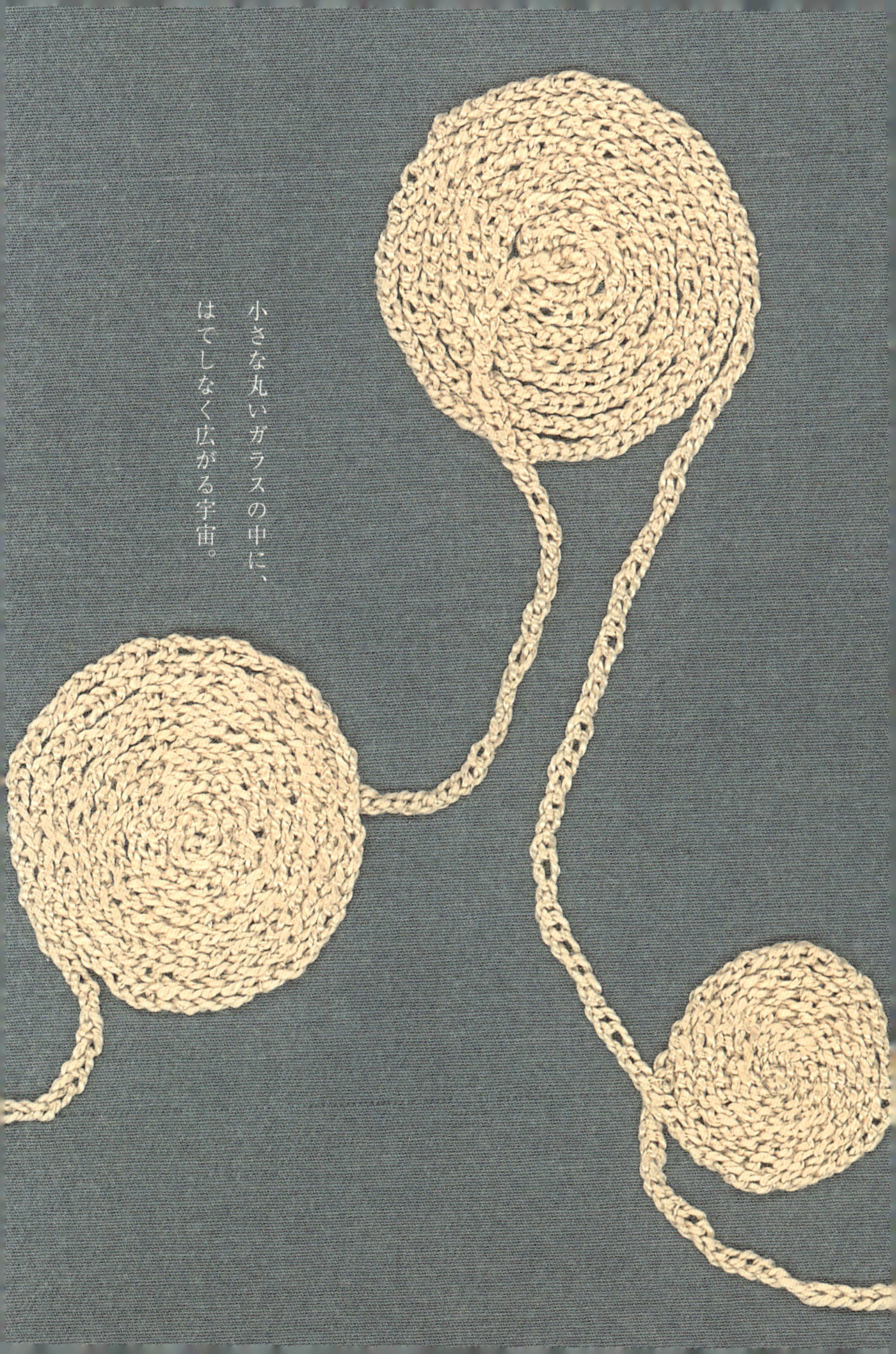

小さな丸いガラスの中に、
はてしなく広がる宇宙。

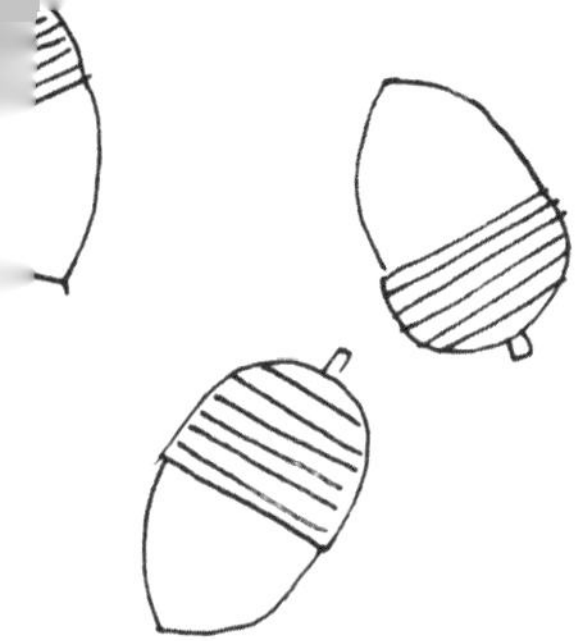

新しいカメラを買いました。
風景や表情を自在にきりとることができます。
写真の中の風景は
うっすらもやがかかっていてとてもあたたか。
現実であって、現実でないような。

写真は撮るのも好きだけど
プリントする時はそれ以上にドキドキします。
暗室の赤い光の中で
だんだんに浮かび上がってくる
わたしだけの世界。

アートスクールに入学したこと。
写真をはじめたこと。
色々な人に出会い
作ることの楽しさを知って
考え方が、人生が、
大きく変わりました。

安定したレールの上を走るのではなく
自分で選んだ道を行こうと思ったのもこの頃です。

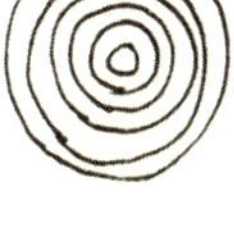

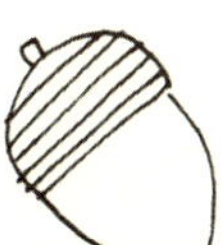

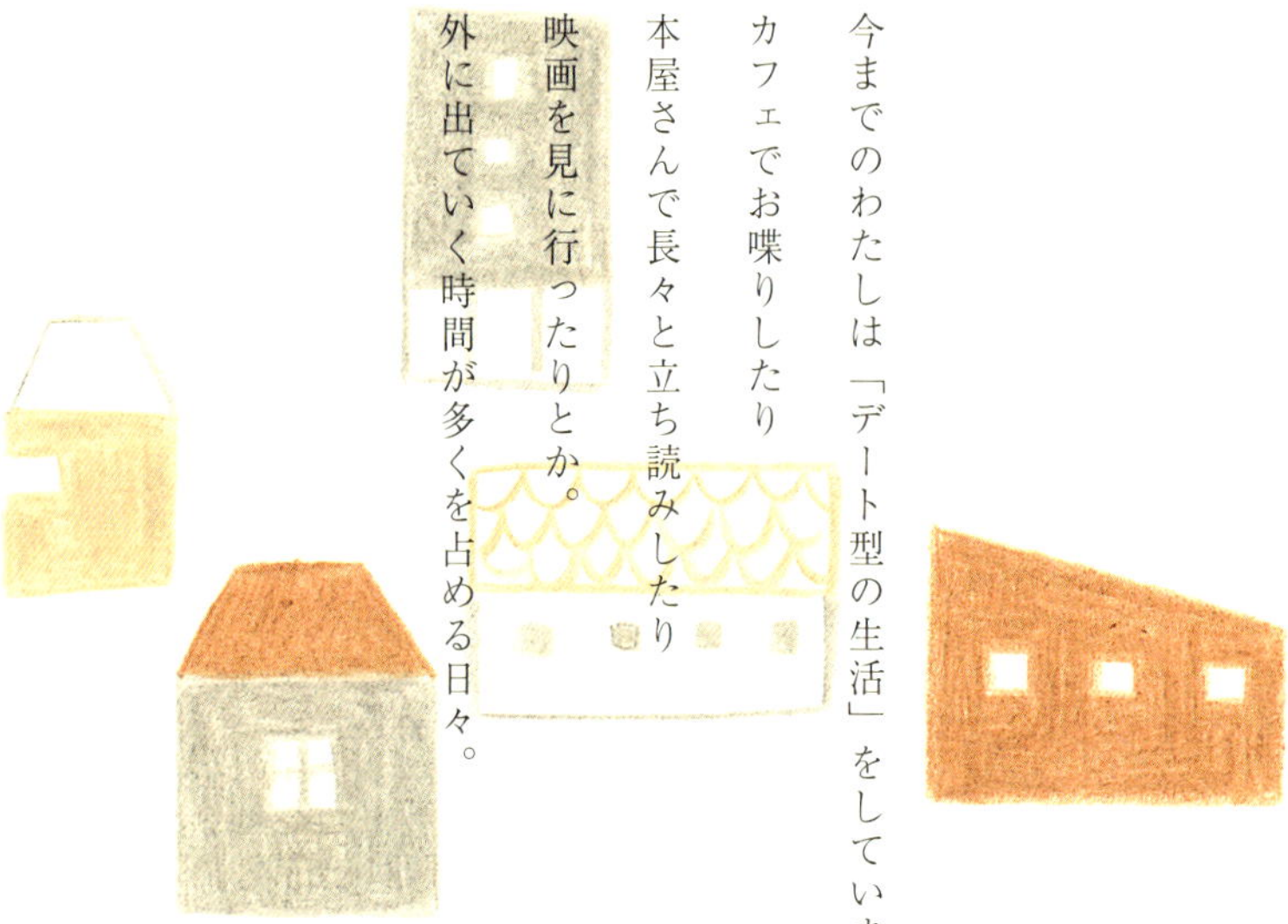

今までのわたしは「デート型の生活」をしていました。
カフェでお喋りしたり
本屋さんで長々と立ち読みしたり
映画を見に行ったりとか。
外に出ていく時間が多くを占める日々。

最近、おでかけはもちろん好きなんだけど
「おうち型の生活」に変わってきているように思えます。
外へ出かける時も、帰る場所のことをどこかで考えています。
きもちの中にうっすらと光がともっているかんじ。

わたしの家ではそれぞれのバースディに
ケーキとお花を用意して
みんなでハッピーバースデイの歌を歌います。
ちゃんとお願い事をしてからロウソクも吹き消して。

十代のころは、ちょっと恥ずかしくて
小さな声で歌ったりしていました。
でも、最近はこういうのいいなって素直に思えます。

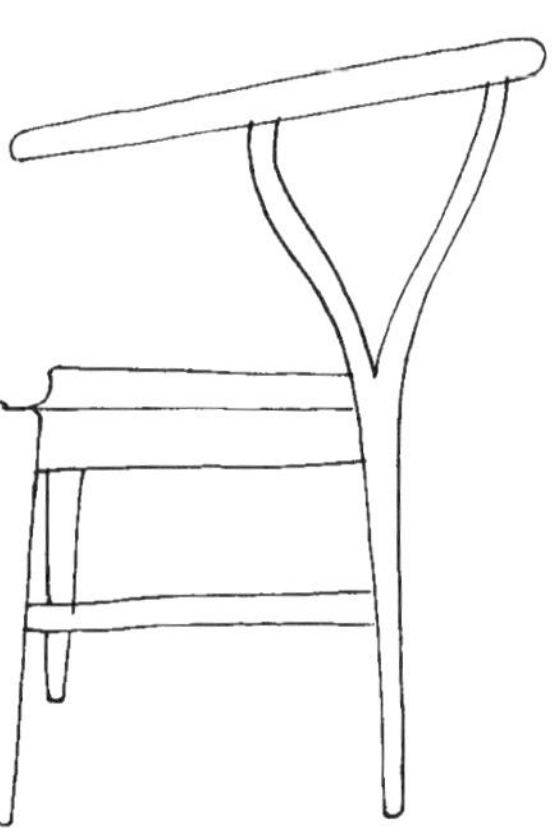

大きな出会い、小さな出会い。
一瞬の積み重ねを大切にしよう。
ぶつかってしまったときの「ごめんなさい」の一言や
なにげない「ありがとう」の言葉が
ココロにじわりとしみるから。

見えるところでも見えないところでも
人と人ってつながっています。
しあわせな空気って絶対に伝わっている。

暮らしも、人づきあいも、恋愛も
古風だっていいと思う。
だから、赤い糸を心のどこかで信じていても
笑ったりしない。

器用だったり要領がよかったりするのは羨ましいけれど
のんびりペースの私たちでも、
キラキラしたものは沢山持っている。
感謝とか
焦がれるきもちとか
ひたむきさとか。

全ての基本になるのは
一日に三度の食事、起床、就寝。
体をできるだけよい状態にして
風の向きやにおいに敏感でいたい。
一つ一つの出来事にちゃんと向き合って、
目をそらさないように。

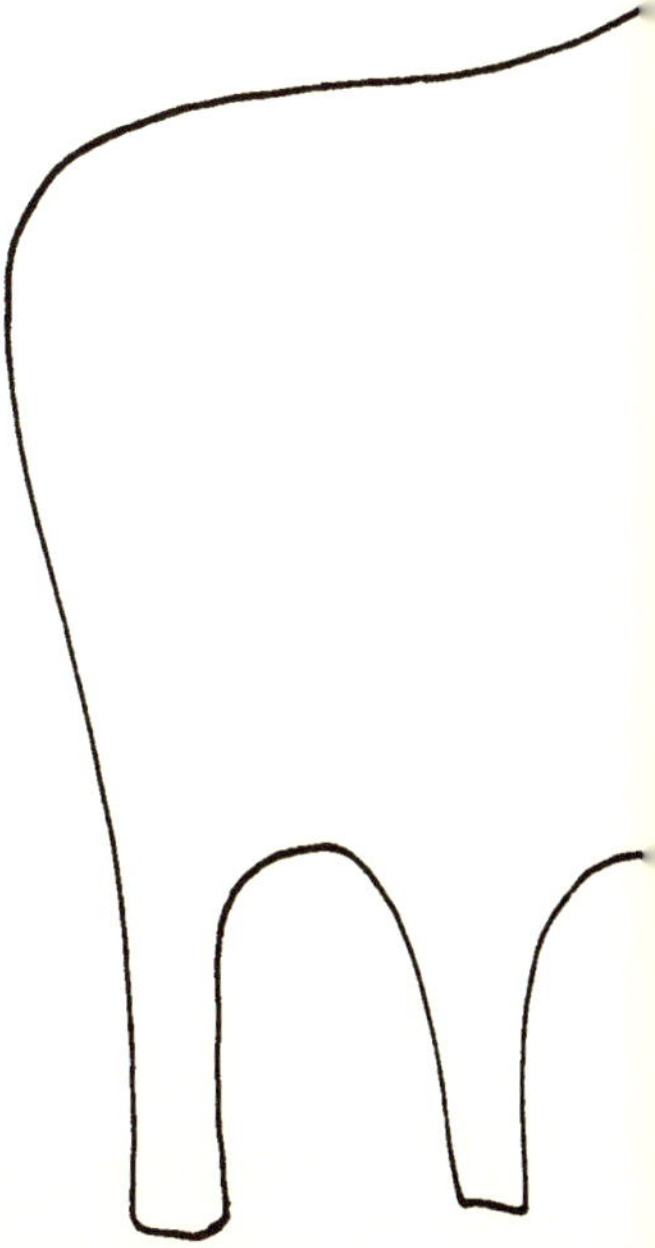

手に入っていないものを追い続けるのではなく、
今いる場所をだいじにしたいです。
大切なのは、ありのままの自分を愛すること。

ていねいに、暮らすこと。

変わりつづけること、
変わらずにいること

時代が変わっても、いつも新鮮に、素敵にうつる人がいます。
芯はしっかりしているけれど、
人に対しては物腰柔らかでとても朗らか。

そんな人たちにはちゃんと理由があります。
ものづくりや表現への真摯な姿勢と
努力を怠らない真面目な人柄。
プロとしての、誠実な視点を持っていること。

常に地面を踏みしめて、自分の力で一歩一歩進んでいるから
分かれ道でも、揺らがない、迷わない。

進むべき道を探すのではなく、
夢中に、時に冷静に、つくりつづけること。
それがクリエーターにとって一番大切なこと。

衝動が先にあって、後から美しさがついてくるような
そんなものづくりの姿勢。

根底に、どうしたって変わらないものを持っているから
変化を受けいれ、新しいことに挑戦できるのです。

假屋崎 省吾

華道家

shogo kariyazaki
©永田忠彦

華道家。勅使河原宏氏に師事。美輪明宏氏に「美をつむぎ出す手を持つ人」と評され、今最も注目されている華道家であり、スペースクリエーターである。

クリントン米大統領来日時や、天皇陛下御在位十年記念式典の花の総合プロデュースなどを務め、内外のＶＩＰから高い評価を得る。現在、ＴＢＳ「中居正広の金曜日のスマたちへ」にレギュラー出演中。

著書に『花夢中』（六耀社）、『ユリを愉しむ』（同朋舎）、『花筺』（メディアファクトリー）、『花・葉・器・自由自在』（角川書店）、『白雪姫』（新風舎）、『假屋崎 省吾の花スタイル』（ＮＨＫ出版）他多数。

假屋崎 省吾花教室 http://www.kariyazaki.jp

假屋崎さんを知ったのはある雑誌の中でのこれからの時代のものづくりに関する対談がきっかけ。数人のクリエーターによる対談自体よりも、その後に掲載されていた近況報告のようなお手紙が強く印象に残りました。何とも言えずエレガントな文章で、こんなに美しい言葉を使う方は一体どんな方なのかしらと、華道家・假屋崎省吾氏に興味を持ったのです。その後、作品の数々を拝見し、その鮮やかさにますます驚かされました。

假屋崎さんがいけばなの草月流に入門したのは早稲田大学の二年生の頃。そろそろ将来を決めなきゃというときに、花がずっと好きだったということを思い出したのがきっかけでした。建物もモダンでスタイルも近代的なので現代にとても合っていると感じて、草月流に入門することに。二度目の授業での勅使河原先生からの「構成がいいね」という一言。その言葉によって、何かが大きく変わったのです。

假屋崎さんの持つ、とぎすまされた感覚と美を追求する心。上品さと斬新さを併せ持つ独特の個性というものは一体どういった環境で育まれたのでしょうか。
「母が音楽や美しいものが好きな人で、お料理をしながらシューベルトの歌曲を口ずさんだりしていました。私自身もバイオリンやピアノを習っていたのでずっとクラシックを聴いてきましたが、その中でも感情を込めて演奏するタイプの人が好きで、レコードもそれこそ壊れるくらいに聴きました。涙が流れるほど美しいメロディーだなと感じたり、楽譜も音符の並びだけであぁ美しいなと感じていましたね。幼い頃から美しいものだけが好きで、手先が器用で音感も良い子供でした。逆に、スポーツやテレビなどは全く興味がなかったですね。私自身は育てられ方と環境に育まれましたけれど、それは大きくなってからでもいくらでも変えられるものだと思いますよ。」

持ち前の感性と器用さで、音楽やお料理、ヘアメイク、ファッションなど、選択肢も沢山ありました。卒業後に一度はアパレルメーカーへ就職した假屋崎さんが、一生の仕事としていけばなを選んだ理由はどんなものだったのでしょう。

「花を使って大きな空間でインスタレーションできる、花で自己表現ができるという面白さを知って、草月流のいけばなにどんどんのめり込んでいきました。これは花のパワーだと思いますが、花と接するようになって、性格的にも外向的になって人と関わるのが楽しくなりましたね。花はてっとり早くてそれでいて奥が深いもの。空間に花が一輪あることで、人工の色の中に自然の色彩が入ってきます。花器は何でも良くて、お皿に花びらを浮かべるだけだっていいんです。美しいものは潤いを与えますから、すさんだ気持ちも癒されますよね。

花は一つ一つ全部表情が違う。それを知ってそれぞれの個性を大切にするようになりました。自分や相手の個性を尊重する。これは私の教室の方針と同じですが、どんな人にでも人より優れた点や個性が必ずありますから、良い部分を探して伸ばして足りない部分はどうすれば良くなるかを論理立てて伝えるようにしています。」


そして、勅使河原宏氏に続き、もう一つの大きな出会いがありました。美輪明宏さんという存在を通して、美の探求のみならず、演劇や外国への関心など、新しい扉がいくつも開かれたのです。

「初めて自分の家を建てて、明日ようやく引っ越しだという時にずっと入院していた母が亡くなったんですね。何かを手に入れたら何かを失うんだなと強く感じて、心がポッカリあいてしまった。そんな時、道を歩いていたら人だかりがしていたのでなんだろうと思ってみてみたら、美輪さんの公演だったんですね。子供の頃から凄いなと思って見ていた人だったので、その場ですぐにチケットを買いました。それからだんだんと交流が深まって、本当の美とはどういうものかということなども教えていただきましたし、美輪さんを通じてパリやシャンソンにも興味を持つようになりました。よく、美意識を育てるにはどうしたらいいですか？と聞かれるのですが、てっとり早く美意識を高めるには美輪さんを見なさいと申します。そこから世界が広がって枝葉が広がりますからね。

取捨選択をすればいいのです。まず触れてみて違うなと思ったらやめればいいけれど、食わず嫌いは勿体ないから興味を持ったら眺めていないでやってみるべきです。味見をしてみるのっていいことですよ。人間って変わるものですから、頑固はダメ。人の意見もどんどん聞いて、いいものは取り入れて合わなかったら拒絶する。まず聞いて、見て、試してみるという姿勢が大切です。」

「今は、目的意識がはっきりしている方とそうでない方が二極化していますね。日本は古くなるとすぐ壊してしまって、長期展望がない。全てお金が基本になっているのも良くない部分です。子どもはみんな大人の背中を見て育つから、まず年長の人を教育しなおさないといけないなと思いますね。

毎日の生活に追われてしまって、優雅さや美しさが便利さにすりかえられているのも残念ですね。シンプル・イズ・ベストという考え方は、私はあまり好きではありません。心が満たされないと自分や相手に対してギスギスしてしまいますから、機能性だけでなく美しさも伴っていないと。美というのは外見だけのものではなくて、内面の優しさが美しさにつながりますから、私は自分がされて嫌なことは人には絶対にしないようにしています。

昔は人のことを思いやっていましたが、今は目上の者を敬う気持ちや、しつけが崩壊しているから凶悪犯罪が起きてしまうんでしょうね。先が見えない時代だけれど、おののいてはいられません。好きなものを見つけて自分に自信を持って、もし見つからなくてもプラス思考で興味のあることにトライするのが大切です。取り返しのつかないことなんてほとんどないのだから、失敗ばかりでいいと思います。振り返らないで前を見ていれば道は自然と開けてきますしね。

生き甲斐があると人生は豊かになりますよね。私は花以外にもお芝居や映画、音楽など、没頭できるものが沢山あります。例えば旦那様とか子どもとか、一つだけしかないとそれがなくなったときに困ってしまうから、一つじゃダメなんですよ。好きなことや柱になるものや興味のあるものを増やして、徹底的にのめり込んでみたらどうでしょう。私は熱しやすくて冷めにくいので、一度好きになったものはずっと変わらないんです。もちろんこれからも今の路線でずっと行くつもりですよ。」

そんな假屋崎さんは、これから先、どんな形でものづくりをし、受け手にどのような感動を与えたいと思っているのでしょうか。

「一生美しいものを作っていきたいという使命感に燃えています。分かりやすくて何か記憶を思い起こさせるような、自分の作品はそういう装置であればいいなと思います。わかりやすさや客観性は大切で、自分よがりは良くないです。心が冷たくて頭がカッカくるのではなくて、頭は冷静に冷たくて心は温かいというのがいいのだと思いますよ。」

美の創造者であり、文化の継承者でもある假屋崎さん。いけばななどの伝統的な芸術は、ともすれば形式にとらわれてしまう危険性を大いに持っていますが、その表裏一体のギリギリのところで新たな試みに挑戦しつづけているのが假屋崎さんの大きな魅力のひとつなのです。

「川はたえず流れていることで綺麗でいられるのであって、流れが止まってしまうと淀んで腐ってしまいますよね。それと同じで、伝統文化というものは常に伝統と創造という相反するもので成り立っていて、絶対に両方が必要なんです。伝統的で語り継がれていくものは変わらないものなのだけど、そこに創造活動やクリエイティブなものなどの新しい風が入ることによって、美しく綺麗に活性化されて、本筋は生け花というものなのだけど、時代時代の色々なエッセンスが入ってより強靱な文化、美しいもの、綺麗なものになっていくんです。そのままを伝えると先細りになっていつかは消滅してしまいますから、受け継がれるものや残して行かなくてはならないものへ新しい息をどんどん吹き込んでいかなければならないと思います。伝統を踏まえた上で現代を生き、未来を見つめる。この姿勢を大切にしていきたいと思います。」

伝統的で変わらない文化と、そこに吹き込む新しい風。美へのあくなき探求心が見事に結実したもの、それが假屋崎さんの生み出す花世界なのでしょう。実際にお会いしてお話を伺って、假屋崎さんの「花は心のビタミンです」というキャッチフレーズの意味が、とてもよく理解できたのです。

大橋 歩

ayumi ohashi

イラストレーター

多摩美術大学を卒業後、「平凡パンチ」の表紙を七年間描き続ける。イラストレーターとして、広告・雑誌・書籍などの分野で長年にわたって幅広く活躍。また、ファッションや日々の暮らしをテーマにしたエッセイで、さらに多くのファンを掴む。出版された単行本は数多く、文庫化されているものも多い。他に、クロワッサンの店のためにデザインしたエプロンや割烹着、トートバッグなど、使い手の立場に立ったモノづくりを行っている。

二〇〇二年に自身で企画・制作した雑誌「Arne」を創刊。柳宗理氏や小野塚秋良氏へのインタビューなどが独特の視点で構成されており、新鮮な内容になっている。「Arne」は全国のクロワッサンの店、青山ブックセンターなどの一部書店、雑貨店などで購入可能。

雑誌の表紙のイラストで、イラストレーターとしてのキャリアをスタートさせた大橋さん。独特のタッチのイラストが広告や雑誌で引っ張りだこの大忙しの毎日を送っていました。そんな中書き始めた、暮らしに関するエッセイが読者の大きな支持を得て、現在までに沢山の単行本を執筆していらっしゃいます。なにげない日常を切り取った自然体の文章が人気の秘密。仕事を持つ女性として、妻として、母として、その時その時で少しずつ形を変えながら、いつでもキラキラしていらっしゃいます。

「私は本も書きますが、エッセイストではなく素人です。私が書いていることは、難しいことを言っているわけではなく誰でもちょいちょいと書けること。ミルクがこぼれたこぼれないとかそういうごくごく普通の、家で起こることをあまり上手じゃない文章で書いているのが、長いこと文章を書かせていただいている理由なのかな。文章の勉強をしようかとも思いましたが、習っても上手にならないのは絵で分かっているから。浪人生の時、色感は先天的なものだけど形は努力でいくらでも上手くなるからと先生に言われて、それを信じて頑張ってきたのね。イラストレーターになってからも一生懸命描いていれば上手くなるだろうと思っていたけれど、ある時気づいたの。形だって先天的なものだって。それは文章も同じ事だと思うんですね。編集者の方にも勉強なんてしたら文が全然つまらなくなるからしなくていいのよと言われたので、あぁいいのかなとそこにあぐらをかいています。

文を書いたりものを作ったりも私にとっては自然なことですが、それらを通じて、あるとき絵を描くということが私の大切なことではなかろうかと強く思ったんです。絵を描く表現が思い通りにできるということが、私にとってはとても大事だと。表現が思い通りにならないように感じていたのは、周りや時代が原因ではなくて私自身の問題だと思うんですね。いろんな形でいいから続けていかないと、私自身がダメになるんじゃないかな、そういう風に思って。それで本業はイラストレーターなんだけど、色々なことをやっているんですね。

雑誌を編集することは前からやってみたかったんです。私たちの仕事というのは注文に応じて仕事をしてしまうところが多くあって、特に広告はラフスケッチがしっかりあって、それをなぞるだけみたいな時さえあるんです。雑誌は比較的広告からは遠いけれど、それでも編集者の意見や希望が多くなってきて、こうしたいなと思ってもできない時が多くなってしまったの。仕事だからそれは当然なのだけど、もうちょっとやりたいことをやれたらいいなと思って。

いつもはすぐにひいてしまうのですが、心からやりたいと思ったから粘ってアタックできたんだろうと思います。受け手のことを特に考えて作ったわけではないですが、面白く思ってもらいたいという気持ちでものづくりをしています。どこかがやっているから私もやるというのはつまらないと思うから。」

そんな大橋さんを支えるのは毎日の生活。お仕事を精一杯やりながらも暮らしをおろそかにしないひたむきな姿勢が支持されたのです。

「なんとかやってこれたので、そんなに大変なことではなかったのだろうと思います。ずっと両立してこれたのは、人のせいにしなかったから。どうしてこれがやれないのかな?と思った時に、周りの状況のせいにしてしまうとちゃんとした答えを自分の中に出せないですから。その他は特別なことは何もしていないし、そんなに無理もしていませんよ。できることしかできないからしょうがないやと思ってきたので、両立させるのが大変とは思わなかったですね。」

女性として、イラストレーターとして、一歩一歩進んでいく大橋さん。本当に大切なものを追い続ける静かな信念と努力ははかりしれません。純粋な瞳の中に、プロとして長年努力してきた強さを感じました。

ジョアンナ・ホー

Johanna Ho

ファッション・デザイナー

香港出身。セントラル・セント・マーティンズ・スクール・オブ・アート&デザイン(ロンドン)を一九九七年に卒業後、自身のブランドを立ち上げる。ヴィンテージの持つ時代を超えた美しさを取り入れた、女性らしいしなやかさや柔らかさのある現代的なデザインが特徴。シルエットとディティールを重視し、ボタンやタック、プリーツ、刺繍など高い技術を用いた服づくりにこだわっている。ドレスアップもドレスダウンもでき、着こなしによって表情が変わる。

現在はロンドンと香港をベースに、日本、ロンドン、NYでファッションビジネスを展開している。国内では、ヴィアバスストップ、バーニーズ・ニューヨーク、ドレステリア、伊勢丹、西武、シップス、トゥモローランド、アダム・エ・ロペ、ザ・ギンザ他、多数のデパートやセレクトショップで取り扱いがある。

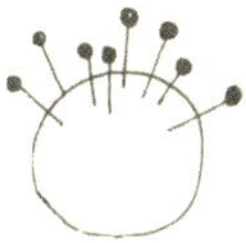

ジョアンナの作るお洋服に初めて袖を通した時の感覚は、とても印象的なものでした。洗練されたカッティングと、女性の体の丸みをふわりと包み込むシルエット。着心地はカジュアルなのに、気分はどことなくロマンティック。女らしさを自然と引き出してくれます。国内での取り扱いショップも様々で、モードとカジュアル、全く違った視点から同じように評価されているのがとても面白いなと感じたのが手に取ったきっかけでした。

ヴィンテージの持つ繊細さや美しさを取り入れてデザインをしており、特にディティールにそういった部分を強く感じます。ただ、ジョアンナが非常に個性的な点は、そういった技術や空気を取り入れているにもかかわらず、出来上がった服がとても現代的だということ。ヴィンテージと合わせると、どのアイテムがヴィンテージかジョアンナか分からないくらいぴったりとマッチし、さらにトータルでは時代を超えた「今」のスタイルになっているのです。それが彼女の存在を際立たせている一番の魅力でしょう。

「長いファッションの歴史の中で私自身が挑戦したいのは、いかにモダンに現代的に前進していくかということ。より前へという気持ちがとても強いので、過去の良い要素を取り入れながらそれを今の時代にいかに応用できるかをいつも考えています。服づくりの一貫したテーマはbe yourself。毎回のコレクションには、その時の気分や時代の空気などが反映されていますね。

私が作るのは堅苦しくならずに自分を表現する服なので、心地良いという感覚を大切にして、自分らしい着こなしを考えてほしいですね。ファッションは自由なもので自分を表現する手段だから、○○を着なくちゃいけないといった制限は全くなくて、むしろ自分らしくあることを心がけるのが大切だと思います。新しいものにチャレンジする勇気が新しいスタイルを生みますし、着こなしが良ければファッションはあなたをステキに見せてくれるでしょう。ただ、くれぐれもファッションだけにお金をかけないで！」

ジョアンナは自分の服づくりについて、着こなしについて終始にこやかに話してくれます。生き生きとした表情からは、作り出す難しさは全く伺い知ることができないくらいです。そんなジョアンナが生活の中で大切にしていることは何でしょう。毎シーズンのクリエイションのインスピレーションはどんなところから生まれるのでしょうか。

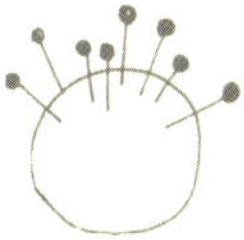

「時間がなくてお休みが取れないこともあるけれど、幸せな気持ちでいることが服づくりにも反映されるので、人と会ったり楽しんだりすることは私にとってとても重要です。特に人と会うことは仕事の中でも大きな部分を占めていますね。お休みが取れたら、旅に出ます。旅をすることで新しい発見や楽しみを見いだすことも多いですから。バランスをとることや心を落ち着いた状態にしておくこと、これが服づくりの中で一番大切なことです。」

ジャケット、ニット、ブラウス、スカート…。ジョアンナのお洋服の中に溢れているのは楽しく生きる喜び。そこはかとなく漂うフェミニンなニュアンスは、しっとりしなやかな気持ちにしてくれます。彼女のお洋服を着て、お話を伺って、ファッションの持つ可能性や自己表現の面白さを再確認しました。

大原 照子

shoko ohara

料理研究家・英国骨董おおはら店主

一九六〇年より料理の仕事に携わり、テレビ・雑誌・新聞・コマーシャル等の分野で幅広く活躍する。一九六九年に「大原照子料理スタジオ」を設立後、一九七四年に語学を学ぶために仕事を一旦全てお休みして、イギリスへ四年間留学。学生生活と休暇を利用したキャンプ生活から物を持たない暮らしを学び、『少ないモノでゆたかに暮らす』（大和書房）を出版。これが多くの女性に受け入れられ、大ベストセラーとなる。また、少ない調理器具で作る簡単で美味しいレシピが大評判となった『20分でできる一皿メニュー』（文化出版局）や『おもいっきり手抜き料理』（文化出版局）などは、それまでの料理本の常識を覆し、爆発的な支持を得た。現在までに出版した料理本は合わせて百冊以上にものぼる。

一九九一年、青山に「英国骨董おおはら」をオープン。現在に至る。

料理研究家として草分け的な存在の大原照子さん。手順が細かくプロセスも多い料理本が主流だった中、お道具や時間を沢山費やさなくても美味しく作れるレシピはとても新鮮でした。あっというまに大原さんの作るお料理やシンプルライフは浸透し、多くの女性のライフスタイルに大きな影響を与えたのです。

そんな大原さんも、小さい頃はうちにお手伝いの女性が常に二人ほどいて、お台所に立つ機会はほとんどなかったそう。

「初めてお料理を作ったのは十才頃。友達の家でキュウリのマヨネーズあえを作りました。制服をマヨネーズでドロドロにして帰って、怒られたのをおぼえています。」

その後、十五、六才頃からうちでお料理を作るようになり、テレビ番組への出演をきっかけにお料理の道へ入り、主宰するお料理教室も常に予約待ちでいっぱいでした。現在はシンプルライフに徹している大原さんご自身も、当時はとても沢山の食器やお道具に囲まれていたそうです。

「現在はスタイリストという職業があって、食器などを全部集めてくれるからお皿を一枚も持っていなくても料理の仕事をできますが、昔は食器も小道具もたくさん持っていないとダメだったんです。自分自身の持ち物は少ないのだけど、お料理の仕事に使うものは全く別で、図書館のようにお鍋などを物品棚に整理して、全てにナンバーをつけて保管していました。フライパン、鍋、食器なども本当に沢山ありましたし、重装備のキッチンも持っていましたよ。」

シンプルライフの基本となったのは数多くの海外旅行の経験と、四十才をすぎてからのイギリスへの留学生活。海外への憧れは子供の頃からでした。

「子供の頃、お嫁に行く前に一等客船に乗って世界一周の旅行に行こうと、父が娘達に貯金をさせたんです。結局それは戦争で行けなかったのですけれどね。戦争が終わって世界を見てみたいと思って初めて旅行しはじめたのが一九六〇年代の終わり頃、年齢的には三十代のころです。料理を志す者ですから、最初の旅行はフランスへの約一ヶ月の滞在でした。その後は年に一ヶ月ずつ、現地のお料理学校へ通ったりしながら、毎年旅をしていました。」

世界各国を飛び回り、かなりタフな旅を重ねてきた大原さん。イギリスへの語学留学を決意したのはギリシャででした。

「ある時、クレタ島へガイドブックも予備知識もなにもなくふらっと行ったんです。クノソス宮に素晴らしい遺跡があって、ギリシャ語と英語で解説が書いてあったの。

その時、英語ができないということはとても不便で、これが読めたらどんなに面白いだろうと思ったんです。これから旅を続けるためにも、私は英語を勉強しないとと。そのときは四十才だったのですが、視力の低下や頭の回転、体力的なことなど考えて、始めるのは今しかないと思って。それで語学留学のためにイギリスへ行ったんです。」

留学生活の四年間は、休暇を利用してイギリスを拠点にたくさんの旅を重ねた大原さん。旅を通じてその土地の歴史的背景を学び、様々な人と触れ合うことによって味覚やお料理に対する探求心もさらに深まったのです。

「色々なところへ行って、色々なものを食べました。各国でものを食べるということは、今まで食べたことのないものを口にするのだから驚きの連続ですよね。例えば小麦粉ひとつにしても、調理法は千差万別ですから。料理は民族の喜びと悲しみが詰まったもので、こういう土地だからこういう料理になったとか民族の歴史が料理の中に生きているのです。見たことのない、聞いたことのないものの中にどっぷりと浸かると世界が無限に広がりますし、仕事にももちろん役立っていますよ。

若い方が旅に行くのは、別に目的がなくてもいい。行ってみたいなと感じ、そして資金の用意ができたならすぐにふらっと向かってしまっていいと思うの。行ってみたいという気持ちだけで好奇心のおもむくままに飛ぶ。海外へ出ることを全ての人におすすめとは思いませんが、確実に視野は広がると思いますよ。」

「子供の頃からずっと、本質的には整理整頓好きだったのですが、大学生生活やキャンプ生活を通じてさらにシンプルになりました。お鍋も少ししか持っていませんし、持っている分だけで作れるようなレシピの本しか出版していません。物が少ないと物をなくすことや探すことがないから、ストレスがたまらないんです。不思議ですが、物を減らしてから出した本のほうが売れているんですよ。簡単にできるお料理の本のほうが多くの方に親しんでいただけているみたいです。

現在は年に半年しか日本にいなくて、日本にいる間に一冊本を作ります。本の仕事は好きでやっています。以前までは三ヶ月に一冊ペースで百冊以上出してきました。今は準備期間が二年間くらい。食器を集めたり、レシピもぼちぼち準備して編集者の方とセレクトするんです。例えば、五十のレシピを掲載する場合は二百くらい作って、その中からいいものを選びます。そういうやり方で、プランニン

グは三年先まで詰まっています。今までずっと続いたのは、まじめにやってきたからでしょうか。」

長年第一線で仕事をし、時代を引っぱっていくこと。これは簡単なことではありません。時代に消費されることなく、軽やかに一歩先を歩んでいく大原さんの中で、ずっと変わらなく大切な事とは一体どんなことでしょうか。

「旅はもちろんですが、オペラやミュージカル、歌舞伎などは大好きです。それだけはずっと変わらないですね。洋服を買うのも大好きで、流行も一〇〇％気にしています。そういった点はとてもミーハーですね。若いときからずっと、今もヴォーグや外国の雑誌などは美容院などで必ず読みます。いついかなる所に住んでもヴォーグだけは読みますね。オフィシャルなちゃんとした服はロンドンのジェーン・ミュラーで買って、カジュアルな服は青山の自宅近くのお店で買いますよ。ただ、枚数はとても少ないです。コートとスーツケース二杯分の洋服しか持たず、それ以上に増えたら処分するようにしています。」

持ち物は極力少なくしていつでも身軽に動けるようにしながら、感動という無形の財産を心に蓄積していく姿勢。そして、大切なのは構えすぎずに今置かれている状況の中でできるだけの努力をすること。

「好きな物の趣味や洋服などはどんどん変わりますよ。変わるって事は進歩すること。好みの対象は変わり続けます。もちろん食器なども三年くらいで趣味が変わります。若い頃からいつも変化しているから、私自身には確たるポリシーというものがないですね。何か目標に向かって邁進するというタイプではなくて、行き当たりばったりに暮らしているから挫折がないんです。その時その時、限られた能力と体力と財力と状況がありますが、その範囲の中で今できること、今したいことを、地味に地味に努力をしています。

その時できることをしているから、文句やストレスもないですね。もしかしたらあるのかもしれないけれど、少ないです。できないことを望まないし、人を自分と比べませんから。自分でできる範囲以外のことは、やらない、手を出さない、望まない。自分の身の丈に合ったことしかしないけれど、少しの努力で手の届くことに関してはもちろん努力もしましたよ。

私自身が全く無理をしていないから。それが自然と時流に乗っているのかもしれませんね。」

大原さん自身の生き方、暮らし方がしなやかなのは、いつでも自分自身の状況やチカラを把握して行動しているから。人と比較して何かを決めるのではなく、自分自身に問いかけること。

これからもずっと変わっていくというお話を伺って、私達も無限に可能性を持っていることに気づき、目からウロコが落ちたように感じました。よりよいものを柔軟に吸収して、もっともっと素敵になりたいですね。今が、これからが、ますます楽しみに思えてきました。

凜としたうつくしさ

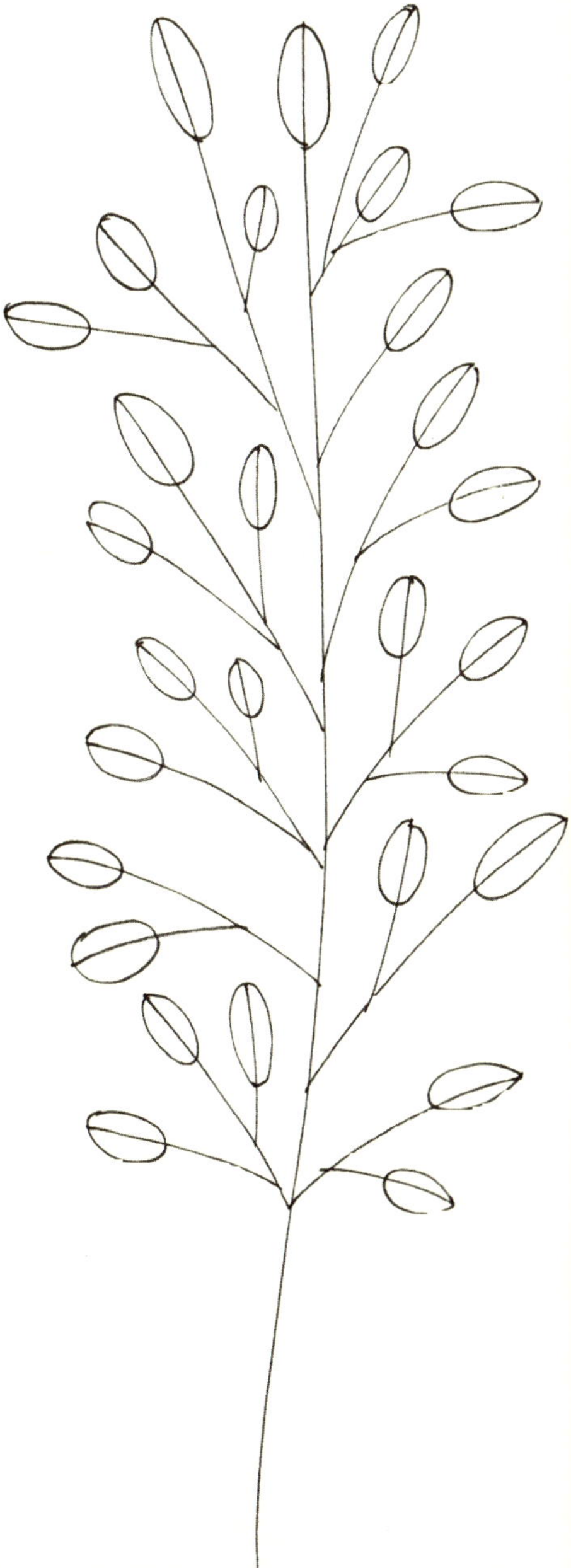

まっさらな気持ちで
まっすぐな仕事をつづけるのはとても難しいことです。
でも、企業や行政にとって
毅然とした態度で伝統を守ることや
新しくて良いものを柔軟に取り込む姿勢は
決して欠かすことができません。

技術を信じ、作ることや提供することに夢を持ち
人や社会に貢献したいと願うこと。
美しく年月を積み重ねていること。

日々、努力すること。
その姿勢に、その信念に、心うたれるのです。

フリーデンスライヒ・フンデルトヴァッサー

本国オーストリアのみならず、世界的に有名な芸術家、フリーデンスライヒ・フンデルトヴァッサー。環境保護建築家でもある彼の手がける建築物は子供のような素直な色彩と伸び伸びした曲線が魅力です。大阪市の舞洲スポーツアイランドに突如現れた派手派手な建物の謎に迫ってみました。

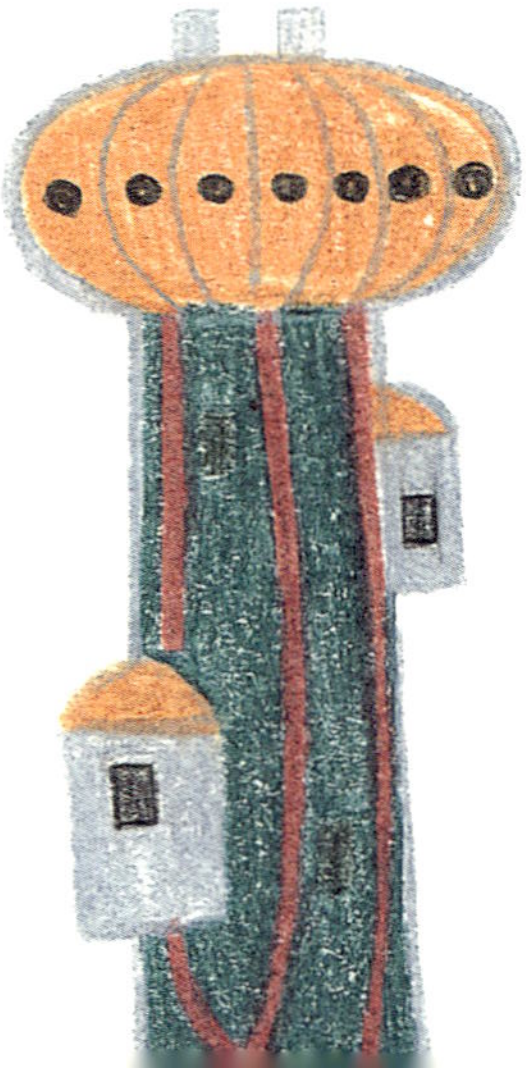

数年前に初めて目にしたフンデルトヴァッサー氏の記事。彼のデザインした建築物は衝撃で、こんな冗談みたいなユーモラスな建物が現実にあるなんて…とても驚きました。元々ウィットに富んだものが好きなせいもあって、あっという間にドップリ魅力にはまりこみ、画集や作品集を買い求めたり情報を集めたりとすっかりオタク状態。次の旅行は彼の建築物が沢山あるウィーンに行くぞと密かに計画を練っています。

フリーデンスライヒ・フンデルトヴァッサー氏は各国のごみ焼却工場や国営住宅などのデザインも手がけた、オーストリアの建築家であり芸術家でもある人物。強烈なデザインにもかかわらず日本の文化勲章にあたるオーストリア国家大賞を受賞しており、ヨーロッパを中心に認知度や人気が非常に高い芸術家です。建物を建てること自体がすでに環境破壊につながるという考えから、建築物の緑化（屋根やテラスに草木を植えること）を提唱。外観や内装のデザインもできるだけ直線を使わずにあたたかな線と色彩で表現しています。

彼の魅力はよく分かっているつもりだったわたしも、大阪市環境事業局のごみ処理場を彼がデザインするなんて、正直言って初めは全く信じられませんでした。

装飾的な外観とはうらはらに比較的ローコストだそうですが、壁面に渦巻き模様や炎などの自然の中にあるモチーフを描いたり廊下の床や壁が歪んでいたりと、曲線が多くてカラフルな建物は手間と資金をより必要とするように見えました。そしてなんといっても、ヨーロッパの国ならともかく、堅いイメージの日本のお役所がごみ焼却工場という公的な施設にユーモアを取り入れたということが大きな驚きだったのです。

元々、オリンピックの招聘を目標として開発された舞洲(まいしま)アイランド。その計画の一環として市民の憩いの場に建てるにふさわしい建物をと計画された、ひときわ目をひく色鮮やかで奇抜な建物がこの舞洲工場なのです。

働いていらっしゃる方々にお話を伺ったところ、初めはビックリしたけれど勤務していて楽しい施設だし大阪市の中で一番注目されている工場で働いているという自負もあるので抵抗感はなく、毎日楽しいそうです。真面目な大人も包みこんで心地良くしてしまうなんて、なんて素晴らしい建物でしょう。こんな素敵なオフィスだったら誰でも働きたくなりますよね。

フンデルトヴァッサー氏の建物は自然との調和をめざして建てられているため、

しばらく側で眺めているとその鮮やかな色彩やデザインから奇抜という印象はだんだんに薄れ、逆に優しさや柔らかさがじわじわと伝わってきます。舞洲工場の二階のテラス部分は一般市民に開放されていますが、ルーフガーデンの緑が青々と茂るこの場所に佇んでいると工場にいるのだということを忘れて自然の大切さを改めて感じさせられます。そしてこの建物の一番のポイントは正面右側にそびえ立つ、上部に金色のタマネギのようなものが乗った真っ青な煙突。

舞洲工場の個性的な建物を美しく彩るのは、大阪城や東京タワーも手がける石井幹子氏によるライトアップ。夕方から夜にかけてだんだんに消灯してゆく演出には、自然と調和したいという願いが込められているのでしょうか。

昨今リサイクルに対する意識の向上がすすみ、ごみの量も少しずつですが減ってきています。ここは九〇〇トン/日 規模の大阪市内でも最大規模の処理能力を持つ工場で、焼却によって生じる熱エネルギーを蒸気と電気に変え工場内のみならず電力会社へ送電しています。このように、焼却工場から出た余熱を熱エネルギーとして回収することを「サーマル・リサイクル」といいます。リサイクルとは本来別の製品の原料として再資源化することを意味しますが、ごみの中には再資源化

を行うことが著しく不経済なものも含まれています。それらを焼却して熱エネルギーとして回収することが、リサイクルにつながるという考え方です。市内で出た可燃性ごみの全量焼却を達成した大阪市がそんな状況の中で、建設した舞洲工場は、リサイクルのＰＲというもう一つの大きな役割も担っています。

一ヶ月あたり約二〇〇〇人もの人が訪れ、一日三回の見学時間も設けられている開かれた工場。ごみ焼却工場としては、開設以来訪れた見学者の数が一年半で三万二〇〇〇人というのは異例の多さだそう。建築ブームをきっかけとして、この建物に興味を持つ人が増えるのはとても良いことだと大阪市は考えています。建築物や設計者からのメッセージを入り口として、大阪市の取り組みを知ってほしい。若い世代を中心にごみ問題や環境問題に目を向けてほしい。フンデルトヴァッサー氏のごみ焼却工場は、実はこんなに大きなメッセージを市民へと投げかけている大阪市の大きな挑戦なのです。

フリーデンスライヒ・フンデルトヴァッサー

画家・建築家（一九二八-二〇〇〇）

friedensreich
hundertwasser

経歴

一九二八年オーストリア・ウィーン生まれ。若い頃より世界各地の放浪の旅の中で強烈な個性ある画才を発揮し世界巡回展を五大陸、三六都市で開催し好評を博す。

また環境保護を訴えて世界各地での講演を行う一方、市営集合住宅やごみ焼却工場等の環境保護建築物をウィーンで設計し、世界的な評判となった。カラフルなデザインと自然との調和を保つための屋根やテラス、窓への積極的な植栽が特徴的。

アメリカやヨーロッパ等、世界各地の環境保護建築プロジェクトを積極的に主宰し、晩年はニュージーランドに移住。一九八一年には日本の文化勲章にあたるオーストリア国家大賞を受賞しており、ヨーロッパを中心に非常に有名な人物である。二〇〇〇年二月十九日洋上にて七一才で没。

代表作品

クンストハウス・ウィーン（ウィーン）
一九八二年に建築された工場をミュージアムに改築。開館三年で六〇万人の入場者を記録した。

シュピッテラウごみ焼却工場（ウィーン）
既存のごみ焼却工場を改装。テクノロジー、エコロジー、アートが調和したこのプロジェクトは「ごみのない社会」の実現に向けたフンデルトヴァッサーからの警告を込めた記念碑。

聖バルバラ教会（オーストリア／ベルンバッハ）
一九四八年に建てられたカトリック教会を改築。異なる宗教や信仰が同時に認められる寛容な教会の理想的な姿を表現。

フンデルトヴァッサーハウス（ウィーン）
庶民生活のにおいが残っているウィーン三区に建てられた市営集合住宅。見学時には七万人が来場。

キッズプラザ大阪「こどもの街」（大阪市）

舞洲スラッジセンター（大阪市／建設中）

ほか

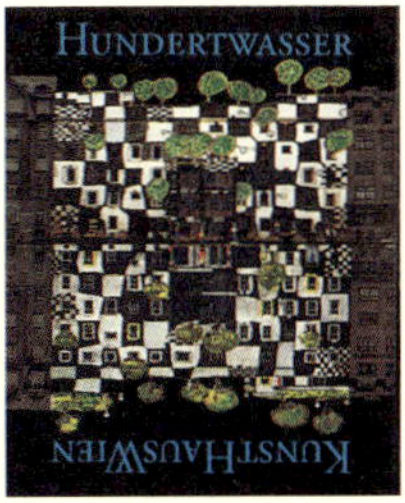

舞洲工場外観 ©大阪市環境事業局（左）、『Hundertwasser KunstHausWien』（右）

舞洲工場のデザインに対するフンデルトヴァッサーのメッセージ

焼却工場と煙突は一体のものです。大きく攻撃的で冷たい表情を持つ建物は、人間おのおのが持っている創造性を活かすことにより、人間らしさを取り戻すことができます。建物の外観は中で何が行われているかを表現しています。立ちのぼる赤と黄色のストライプは焼却行程の炎をあらわします。屋根の緑化は自然と調和した人間生態系（エコロジー）なコンセプトを象徴するものです。この緑化は単に象徴だけにとどまらず、実際に大阪の人たち、特にここで働く人のために空気を浄化します。

…中略…

建物は高いほど醜いものは遠くまで見え、最悪の環境公害となるので、建築家は一層環境に対して注意を払わねばなりません。人間が不法に占拠してきた自然の領土をもう一度自然にかえしてやるべきで、そのために森のような緑化を行う必要があるのです。どんな煙突が自然なのか、自然にどんな影響を与えるのかを考える場合、人々の夢との調和を考えねばなりません。そういうわけで、私は遠くの人にも近くの人にも楽しめ、同時に高層ビルの工業化した醜さと好対照となりうる芸術としてこの煙突をつくろうと試みました。

建築物における悲惨とも言える非人間的な不快さは、直線と画一性、無感情な冷たさ、攻撃的で無感動かつ心の通わぬ残酷さ、芸術性のなさ、砂漠のような均一性、殺人的不毛性と想像力の欠如というもので表現されています。絶対的な合理主義の時代は終わろうとしています。これからの新しい価値観は、より高度な生活水準を求めるよりも、ロマンチシズムへの憧れ、個性化、創造性の重視、自然との調和された生活などの普及がより重要になってきます。

この煙突はこれから一〇〇〇年に芽生えてくる新しい生命のシンボルとなるものです。大阪の舞洲工場は、技術、エコロジー、芸術の融合を表現したひとつのシンボルなのです。

自然と調和して生きよう。
私たちが自然の調和を乱してまで所有したものを自然にかえそう。
そして私たち人間として伸びやかに生きる夢を取り戻そう。
命あるものが、調和できない偽りの美しい世界を切望することなく。

（舞洲工場資料より）

かまわぬ

高校生の時、代官山を一人でフラフラお散歩していて見つけた小さなお店。周りの喧噪とは別世界の涼しげな雰囲気が気に入って、よく通っていました。滅多に買えないけれど、整然と並んだ手ぬぐいを眺めているだけで幸せな気持ちになったのを憶えています。

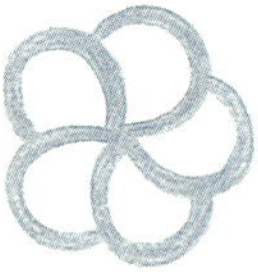

かまわぬは昔から日本に伝わる注染の技術を守りながら、今の時代の中で日常的に使うことができるモダンな手ぬぐいを作っている会社です。伝統を踏まえつつ現代の人々にその良さを知ってもらうために、伝統工芸的な手法を用い、柄などは新しいものを取り入れるよう努力をしています。柄は古典柄をアレンジしたものや全くの新柄、以前の柄で復活させたもの、デザイナーズ手ぬぐいなど、常時二〇〇柄が店頭に並んでおり、季節ごとの期間限定のものを含めると全部で三〇〇柄ほどあります。

手ぬぐいはハンカチやタオル代わりに便利です。夏場は特に乾きが良く、お水との相性も抜群。水を吸ってもクタっとせず、濡れた面を内側に折りこむことで、いつでも乾いた清潔な面を使うことができます。切りっぱなしなので布の素材として使ったり、インテリアや外国の方へのおみやげなど、用途はさまざま。海外のおしゃれスナップで外人の方が頭に巻いていることもしばしばで、スカーフなどにしたらステキだなと思う柄も沢山あります。

毎日一〇〇人以上もの人が来店する代官山店。ファッショナブルなエリアの真ん中で、いつでも変わらずしゃんと静かに存在しています。この場所に来るたびに日本の四季の美しさや文化の奥深さに驚かされ、私たち日本人の心の中には季節感が深く根ざしているのだということを改めて実感します。

今は食べものやお洋服など、季節感が薄れていると言われていますが、例えば桜の季節にお店をピンク色で彩ったりすると、訪れた人は「春ですね！」と気づいたり、盛り塩やのれんなどについての質問もしばしばです。季節に敏感でいたいという気持ちでお店を飾っているので、それがスタッフの方にとっては一番嬉しいことだそう。

日本の文化は堅苦しく思われがちですが、花や和の文化、涼しく暮らす工夫、暖かく見える工夫など、日本の伝統の中にも良さや暮らしの智恵が沢山あります。お店に足を運ぶことでそれらを再確認したり、今の暮らしの中でできる範囲で無理なく取り入れるヒントを見つけたいですね。

特に手ぬぐいなどは一度手に取るとリピーターになる方が多いので、ていねいに暮らすきっかけになればと思います。日々の暮らしは一人一人の気持ち次第でどうにでもなるもので、雑に暮らすこともできるしきちんと暮らすこともできます。実生活はそれぞれがはぐくむもの。出かけるときだけ身支度してではなく、おうちの中でもきれいに正しくすごしたい。日本人の持つ繊細さや美しさが失われつつあると言われている昨今ですが、一枚の手ぬぐいがそういった日本の心を思いおこさせるのだと思います。

手ぬぐいを作る、日本の伝統技術

機械プリントによる量産が主流の現代ですが、手ぬぐいを染める技法「注染」は江戸時代半ばに生まれた当時の大量生産の技術です。はじっこを縫わないで切りっぱなしにしているのも、その分手間を省けるという理にかなったものです。高温多湿の日本では縫いしろがない方が乾きが早く、草履や下駄の鼻緒が切れたら手ぬぐいの端をぴりりと裂いて補修、ケガをしたら包帯がわりに巻くなどの諸説もあります。注染では両面を染めることができるため、使い込むほどに色落ちをして、風合いが出てきて更に使いやすくなります。

注染（ちゅうせん）

一．伊勢紙という和紙を三枚重ねたものを彫刻刀のような刀で切り抜く。

二．補強のために紗という網をのせ、茶渋を塗って耐久性をあげます。

三．型紙を晒の上にのせて大きなヘラで防ぜん糊という泥状の糊を上からのせると、柄の部分に糊がつきます。

四．型紙をはがして染料を注ぐと、糊をつけた部分には色が着かない為、糊以外の部分に色がつきます。

五．糊を洗い流します。

六．染料は空気に触れる事により発色します。天日で乾かすため、職人の技術や天気、湿度などにより仕上がりが異なるのです。

　地色を晒のままの白以外の色にする時は、一度晒地を色つきに染めてから型をのせ、注染で二色目を入れます。この際、色の力関係をふまえて作ります。デザインによっては二型・三型に分けて染める場合もあります。一度にわずか七五枚しか染める事ができず、乾燥はできるだけ天日干しにこだわっています。

抜染（ばっせん）

　濃い色に淡い色はのせられなかったり、濃い色同士だとケンカしてしまう場合もあるので、そういうときは、型をのせて、脱色剤のようなものを糊の代わりに注ぎます。そして、もう一度同じ型をのせ糊おきをし、色が抜けた部分にのみ二色目を入れます。ただ、染料によっては脱色が難しいものもあるので、デザイナーは作りたいイメージの色合わせの染めが可能かどうかまで考えてデザインを決めていきます。

手ぬぐいにみる、日本の四季

一月　睦月　むつき

お正月　七草　鏡開き

紅白鶴…オリジナル柄　鶴は日本及び中国においても長寿を象徴するものとして尊ばれているモチーフ。「紅白」「鶴」というおめでたいものを一つにまとめてお正月をイメージ。

福猫づくし…オリジナル柄　招き猫は挙げている手が右手だと金運、左手だと福（客）を招くという意味があります。裏表のない注染手ぬぐいを利用することによって、どちらにもとれる面白さを表現しています。

二月　如月　きさらぎ

節分　初午　針供養

雪だるま…オリジナル柄　冬の風物詩、雪だるまを小紋風につなげた、冬柄の人気ナンバーワン。

kami…オリジナル柄　かまわぬの「デザイナーズてぬぐい」シリーズの一つ。このシリーズは、外部のデザイナーの原案に基づいてかまわぬのデザイナーがデザインを詰め、商品化したものです。小さく散る紙吹雪のようなイメージです。

三月　弥生　やよい

雛祭り　彼岸入り　社日

菜の花…オリジナル柄　春の暖かさと柔らかさ、菜の花のにぎやかさを持ち歩く、飾るというイメージ。

疋田文（抹茶）…古典柄　鹿の毛色にある白い斑点＝鹿の子斑紋様。元来、絞り染めした模様で、絞りが四角形で四五度の角度で並ぶものを「匹田」と称し、後に「疋田」と書き表すように。

四月　卯月　うづき

灌仏会　流し雛

桜（紫）…古典柄　古来から桜は日本人にとって神聖な木とされ、江戸期には庶民の間で花見が盛んに行われるようにもなりました。広く愛好されるモチーフの一つ。

つぶ…オリジナル柄　「型あそび」シリーズの一つ。単純な円、四角、線などのモチーフで型を作り、単体で一型染め、合わせて二型染めが楽しめます。注染の技術を活かしています。

五月　皐月　さつき

八十八夜　端午

木の芽…オリジナル柄　デザイナーが料理本を眺めている時に、冷や奴や煮物の上にちょこんとのっている木の芽からヒントを得ました。実際に、手ぬぐいの地色はごま豆腐に見立ててあります。

水芭蕉…オリジナル柄　密集して咲き乱れる水芭蕉を小紋風にアレンジしました。

六月　水無月　みなづき

和菓子の日

和傘…オリジナル柄　イメージは夕時の雨の中を行き交う人々を上から眺めた図です。和傘は浴衣や手ぬぐいの柄ではポピュラーなもの。

段縞…古典柄　縞模様は江戸時代、文化・文政の頃に単純明快な縦縞柄が粋な渋みを持つとして大流行したもので、線の太さや間隔など、様々に違えたものが考案されました。段縞は名前のとおり、順に縞が変化しています。

一月　睦月　むつき

二月　如月　きさらぎ

三月　弥生　やよい

四月　卯月　うづき

五月　皐月　さつき

六月　水無月　みなづき

七月　文月　ふづき

八月　葉月　はづき

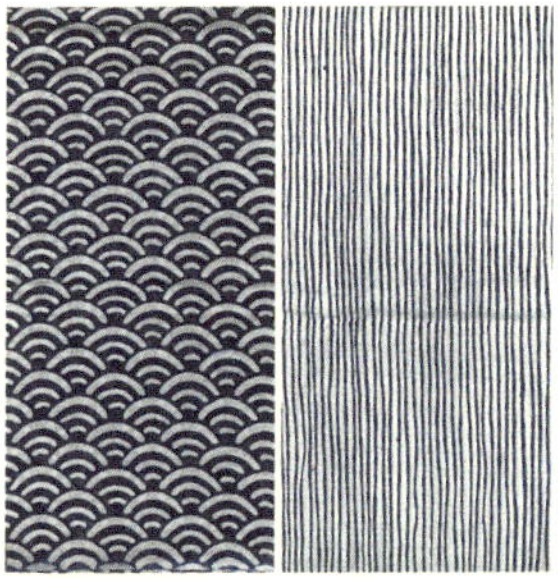

九月　長月　ながつき

十月　神無月　かんなづき

十一月　霜月　しもつき

十二月　師走　しわす

七月　文月　ふづき

半夏生　七夕　お盆　土用

日本の団扇…オリジナル柄　夏の風物、団扇と日の丸をつなげたモチーフ。「日本の夏」を表すように、ネーミングも大胆に。

金魚…古典柄　愛らしい柄で長い間夏柄人気ナンバーワンです。金魚も古くから日本人に親しまれてきたポピュラーな柄。

八月　葉月　はづき

ねぶた祭　月遅れ盆　大文字送り火

よろけ縞（青）…古典柄　波状に少しうねった曲線で描かれた縞模様。

青海波（せいかいは）…古典柄　波を表現した最も代表的な文様。「青海波」の名は雅楽の舞曲の名で、舞人の衣装にデザインされたのがこの文様。無限に広がる吉祥の象徴として人々に親しまれてきました。

九月　長月　ながつき

彼岸入り　十五夜

うさぎ（桃）…オリジナル・古典柄　兎は十二支のひとつに数えられるなど、古来よりその愛らしい姿が人々に親しまれてきました。

萩…古典柄　秋の七草にも数えられる「萩」。落ち着いた色みで静かな秋の気配を表しています。

十月　神無月　かんなづき

亥の子　旧重陽　十三夜

くり…オリジナル柄　秋の味覚のくり。ころころした感じと二色に分かれている形の面白さに着目してモチーフ化されたもの。

かき…オリジナル柄　こちらも秋の味覚。鮮やかな実のオレンジと葉のグリーンのコントラストの美しさを表現しました。

十一月　霜月　しもつき

一の酉　十日夜　七五三

銀杏…古典柄　季節の移りかわりに殊に敏感な日本人が「秋」を描いたもの。

高尾…古典柄　同じく、秋を表現したもの。真っ赤に色づく高尾山の風景を切り取ったイメージでネーミング。

十二月　師走　しわす

冬至　年越し

コの字小紋…古典柄　カタカナの「コ」を配列した、シンプルで美しい昔の「グラフィック」。

市松（赤）…古典柄　ネガとポジが交互に組み合わされた正方形文様。単純明快ながら印象が華やかなのが特徴。「石畳」とも呼ばれましたが、歌舞伎役者・佐野川市松が役の衣装にこの柄を用いて好評を博して定着したことから、以来、「市松紋様」と呼ばれるようになりました。

ル・クルーゼ

赤・オレンジ・黄・青・緑…。フランス生まれのル・クルーゼは、カラフルでお洒落なお鍋。わたしがお料理を始めたきっかけであり、心強いパートナーでもあります。滋味溢れる深い味わいは、思わず大地に感謝したくなるほど。本当はお鍋に感謝なのだけどね。

物心ついたころからキッチンの中でも特にお気に入りだった、オレンジ色の大きなお鍋。特に凝ったことをしなくてもじんわり美味しくできあがることと、見た目が素敵でウキウキした気分でお料理できるのが気に入って愛用していました。ある時雑誌で見たル・クルーゼの名前。我が家で使っているお鍋がル・クルーゼのものだと分かって、美味しさはお鍋で決まるのだなぁと強く確信したのです。

「小さなかまど」とたとえられていることからもわかるように、蓋が重くて地厚なので全体から熱が伝わって素材の味がさらに引き出されます。わたしは具沢山のトマトスープやカレー、ポトフなどお野菜たっぷりでゆっくり煮込むものをよく作ります。材料をザクザク切って軽く炒め、あとは塩胡椒とハーブを少々加えてコトコト煮込むだけ。特にお芋などは驚くほどホクホクになって、お野菜ってこんなに美味しかったかしらとビックリするはず。

フランス生まれのお鍋だけどもちろん和食だって大得意。ル・クルーゼのレシピで五目ゴハンを炊いてみたら、お釜で炊くより時間もずっと短くしかも一粒一粒がふっくらツヤツヤ。何回もおかわりするほど美味しくて、その場に居合わせた三人のうち二人が「炊飯器捨てちゃおうかしら…」と思わずつぶやいたほどでした。

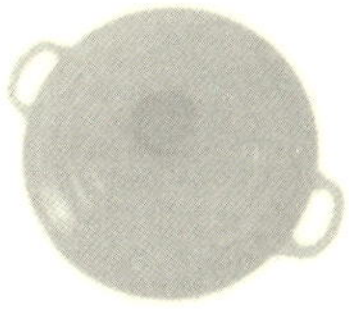

世界五〇カ国以上に輸出され、各国の有名レストランでシェフから絶大な支持を受けているのは有名な話。料理研究家を中心に一般層まで口コミでその良さが伝わった一番の理由は、機能性とデザイン性の両方が優れている点。お鍋としては価格は少々高めですが、外食をするよりお金をかけずに家で楽しく食事がしたいという消費者の気持ちにリンクして日本でも大人気になりました。

工場があるのはベルギーとの国境近くのサンカンタン市に隣接するフレノワ・ル・グランという小さな町。街中のほとんどの人がル・クルーゼの仕事に関わっています。元々クルーゼは坩堝（るつぼ）という意味。鉄とコークスを高温で溶かして鋳型に流し込み、研磨機にかけた後にホーローを焼きつけるというのが大まかな行程です。機械化している部分と職人さんの勘に頼る部分があって、ホーローをかける前にブナの木で叩いて音を聞いてその音でひびが入っていないかをチェックするのは一つ一つ人の手で行われます。シンプルな行程ですが手業と勘が光るところ。

フランス人にとって食はとても重要で、「今日何を食べるか」は一日の中でもかなりのウェイトを占めています。一時間半くらいかけてゆっくりランチを食べたり、

男の人もデザートまでしっかり食べたりとかなりの食いしん坊。人をお食事に招く習慣があるので、調理してそのままテーブルに出せるお鍋はとても重宝するそうです。みんなでお鍋を囲むと親近感が増して会話が弾むのは世界共通なのですね。個性が出るものだから色選びにも力が入るのはとても納得です。

国ごとにバリエーションを変えて展開しているのですが、それがコレクター魂をくすぐるらしく、コレクションしている方も多いみたい。日本ではブライダルギフトとしてハート型のお鍋が人気ですが、これは日本でのみ良く売れる型だそう。スウィートな二人にハート型のお鍋…キャ。お鍋自体はものすごく可愛くて使いやすそうだけど、わたしはちょっと照れちゃうな。

気になっているのはアメリカの野菜のシリーズ。野菜の形のお鍋なんて、ユーモラスでお料理しながら思わず笑っちゃいそうですよね。カボチャの形のお鍋で毎日カボチャスープを作りたい。中もデコボコしているのでお手入れがちょっとめんどうかしら。でもとっても可愛いんです。

ヨーロッパの人は色に敏感なので、色選びにも国民性が反映します。たとえばフランスだと赤がダントツ人気、ドイツでは色のない調理器具が主流なので黒が好

まれていたりとかなり顕著。ちなみに、日本だとオレンジ、赤、イエローの順で直径二〇センチの丸型タイプが一番親しまれています。日本で展開しているカラーは六色ですが、期間限定の色なども合わせたら全部で二〇色くらいあるそうです。

二〇〇三年に発表された新作は木のトレイにちょこんと乗った一人用の小さなお鍋。どこか北欧風でお食事をするのが楽しくなりそうです。若い人はもちろんだけど、わたしはお年寄りにこそ使ってもらいたい。外国でよく見かける派手な色の服を着てお洒落しているおばあさまがパワーがあってステキなように、歳をとってもキレイなものやかわいいものを好きでいいと思う。それに鮮やかな色のお鍋は食欲が沸いてきてなんだか元気になりそうだもの。

食べることは生きていくこと。忙しいとどうしても外食がちになるけれど、おうちのゴハンで素朴なしあわせを味わいましょう。家族やパートナーと囲むテーブルが暖かいものであってほしい…これは誰もが願うこと。これからも楽しく食べて、美味しい暮らしをしていきたいと思っています。

肉じゃが

ココットロンド20cm使用　4人分

［材料］

○牛肩ロース肉(薄切り) 200g ○じゃがいも 3個 ○タマネギ 1個
○人参 中1本 ○しらたき 1/2玉 ○サラダ油 大さじ1 1/2
A(○だし汁 大さじ1 1/2 ○砂糖 大さじ1 1/2 ○酒 大さじ1/2 ○みりん 大さじ1/2 ○しょうゆ 大さじ3)

［作り方］

1. 牛肩ロースは一口大に切る。
2. じゃがいもは3～4等分に切り、水にさらして水気をきる。
3. タマネギは繊維にそって1cm幅に切り、人参は乱切りにする。
4. しらたきは熱湯でさっと湯通しし、水気をきり、ざく切りにする。
5. お鍋にサラダ油大さじ1を中火で熱して、*1.*を炒めて取り出し、お鍋に残ったアクをキッチンペーパーで取り除く。
6. *5.*の鍋に残りのサラダ油を中火で熱して、*2.* *3.*を炒め合わせ、Aを加えて蓋をし、ひと煮立ちさせたら弱火に落として10分煮る。
7. *6.*に*4.* *5.*を加えて中火にし、ひと煮立ちしたらアクを取り除き、蓋をして弱火で5分煮る。
8. 火を止めてしばらく置き、味をなじませて器に盛る。(仕上げにゆでた絹さやを散らしてもよい。)

五目炊き込みゴハン

ココットロンド20cm使用　4～6人分

［材料］

○お米 3合 ○鶏もも肉 1枚 ○油揚げ 1枚 ○こんにゃく 1/3枚 ○塩 少々 ○干ししいたけ 3枚
○ごぼう 1/2本 ○人参 1/3本 ○みつば 1束 ○だし汁 適宜
A(○酒 小さじ2 ○塩 少々 ○胡椒 少々)
B(○だし汁 1カップ ○酒 大さじ2 ○薄口しょうゆ 大さじ1 1/2 ○みりん 小さじ2 ○塩 小さじ1/2)

［作り方］

1. お米は洗ってザルにあけ、水気をきる。
2. 鶏もも肉は小さめのそぎ切りにし、Aで下味をつける。
3. 油揚げはザルにのせ、熱湯を回しかけて水気を絞り、縦2等分に切って細切りにする。こんにゃくは3cm長さの短冊切りにし、熱湯でさっとゆでて水気をきる。干ししいたけはぬるま湯でもどして軸を切り落とし、薄切りにする。ごぼうは皮をこそげ落としてささがきにし、水にさらして水気をきる。人参は3cm長さの短冊切りにし、みつばは適当な長さに切る。具は同じ大きさに切りそろえるとよい。
4. お鍋にBをひと煮立ちさせて、*2.* *3.*と人参を入れ、アクを取り除きながらひと煮し、具と煮汁に分ける。
5. *4.*の煮汁とだし汁を合わせて540mlにしたものとお米をお鍋に入れ、蓋をして中火にかける。沸騰したら弱めの中火にして10分ほど炊き、火からおろして*4.*の具を入れ、再び蓋をして10分ほど蒸らし、きるように混ぜ合わせる。芯が残っていたり水っぽいようなら再び蓋をしてさらに5～10分ほど蒸らす。
6. 器に盛り、みつばを乗せる。

ブリ大根

ココットロンド20cm使用　4人分

［材料］
○ブリ（アラ）500g ○塩 小さじ2 ○大根 1/3本 ○しょうが 2かけ ○しょうゆ 大さじ1/2
A（○酒 1/2カップ ○水 4カップ）
B（○酒 大さじ3 ○しょうゆ 大さじ2 ○砂糖 大さじ2 ○みりん 大さじ1 1/2 ○水 1 1/2カップ）

［作り方］
1. ブリは適当な大きさに切ってザルにのせ、塩をふってしばらく置く。
2. お鍋にAをひと煮立ちさせ、*1.*をさっとゆでて冷水にとり、水洗いして水気をきる。大根は2cm厚さの半月切りにして、熱湯で竹串が通るくらいまでゆでて、火から下ろしてそのまま冷ます。しょうが1かけは薄切りにし、残りはすりおろして絞り汁をとる。
3. お鍋にしょうがの薄切りとBを入れ、中火でひと煮立ちさせてブリと大根を入れ、クッキングシートなどで落とし蓋をしてさらに中火で煮立たせ、弱めの中火にして再び15分ほど煮たら、落とし蓋を取り除いてスプーンなどで煮汁をすくってまわしかけ、弱めの中火で10分ほど煮てしょうゆと残りの絞り汁を加えてひと煮する。

ココロゆたかに、
暮らしたい

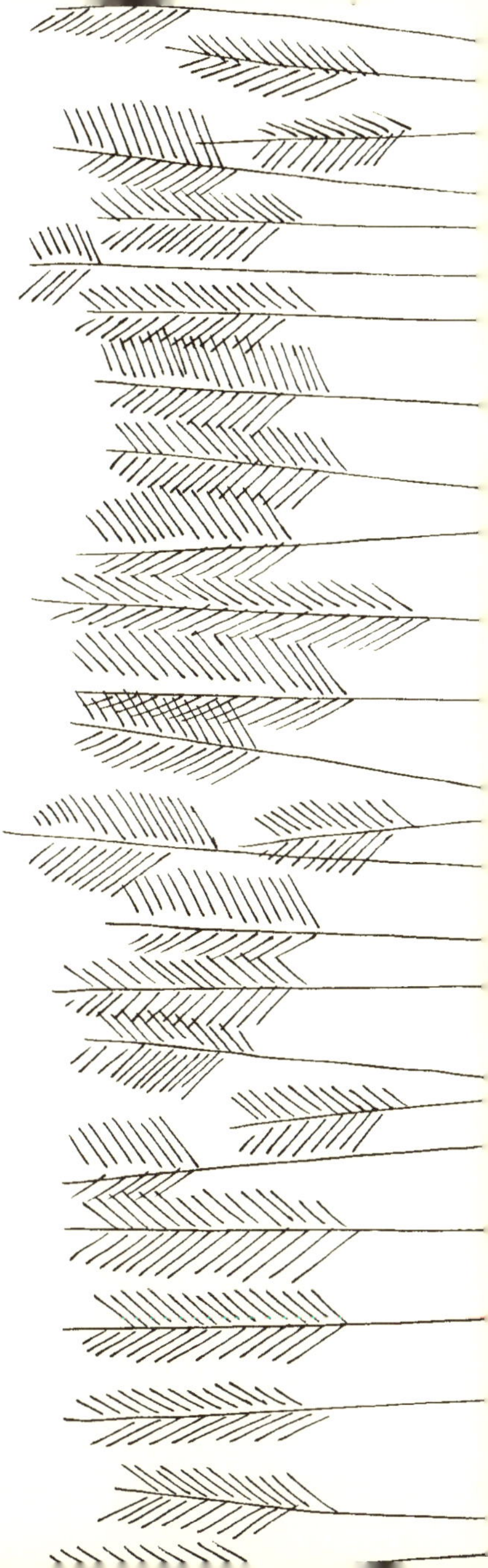

ココロに種をまきましょう。
お水をあげて、時間をかけて育みたい。
ゆっくりゆっくり見守りたい。

春にはきれいな花が咲き、
秋には大きな実がついて、
収穫したらひと休み。
次の季節には
また新しい芽が出てきます。

興味を持つことからはじめましょう。
気になったらすかさず掴んで。
本、映画、音楽
お料理、インテリア、雑貨…
手を伸ばすことで、
そこから新しい道が開けるから。

こわがらないで。
ためらわないで。
ドアを開く鍵は、あなたの手の中にあるのです。

ルームサイズ・ミュージック

ジャンルの垣根をぴょーんと飛び越えて、心地良い音を追うのはとても楽しい。だから、音楽に関しては雑食でよくばり。普通にすごしていて得られる情報の量や傾向はどうしても限られてしまうから、センスのいい友人のアンテナにひっかかったものは大喜びで分けてもらいます。幸い周りの人たちも好きなものがみんな違うので、オススメしてもらう度にあぁこんなにいいものがまだまだあるんだなと嬉しくなったり。

お店で流れている曲が気になった時なども、勇気を出してスタッフの方に聞いちゃいます。ものすごく有名なアーティストだったりして恥ずかしい思いをすることもしばしばですが、そんなの気にしないーっと。

車の中やフットワーク軽めに乗りきりたい日はワイルドでライブ感のある音源を。フリスコやゴルファー、リトル・クリーチャーズ、アンダーワールドなどが聴きたくなります。ヒップホップやハウスでやんちゃ気分、もなかなか。

でも、そんなわたしもお部屋でのBGM選びは全く逆。デリケートな空間なので、おのずと聴きたいものは限られてきます。たまに波長が合うものと出会うと、音が体に染みこむまで最低一ヶ月は毎日聴いたりして。

wolf song / moose hill

Polaris / Polaris

33.3 / 33.3

Q&A 65000 / yes,mama ok?

LLAMA / Pepe California

ちょっと遅めのブランチには、軽やかな口笛が春の芽吹きや小川のせせらぎを思わせるさわやかさのペペ・カリフォルニアをチョイス。柔らかな光に包まれて、どことなくピクニック気分。女の子のお部屋や気持ちの通じ合う二人の空間など、しあわせな空気に合います。日なたのにおいがするので心地良くってついウトウトしてしまうことも。

午後の時間はイエス・ママ・オーケー?を延々リピート。グッとくるツボがいつも違って聴く度に新たな衝撃と感動を与えてくれます。メロディーの素晴らしさはもちろん、ユーモアとロマンティックとシニカルさの匙加減もとても好きで「すり切れるほど」という表現がまさにピッタリ。奥が深すぎて何年たっても魅力の全てを味わい尽くすことがなかなかできないから、ずっと追いかけっこ(または片思い?)をしている気分。

夜中から明け方までの時間は、音の中をゆったりと漂いたい。テンションも高すぎず低すぎずの33.3やポラリス、マリマリ・リズムキラー・マシンガン。わたしのニュートラルってこんなかんじ。夜がずっと続くような、世界に自分しか存在しないような、そんな不思議な感覚が気持ちいい。本を読むこともしばしばなので、ヴォーカルが主張しすぎないものがぴったりなのです。

mix CD / roti cafe

IL MEDICO...LA STUDENTESSA / COLONNA SONORA ORIGINALE

A LITTLE BIT OF SOMETHIN' / TOMMY GUERRERO

ORANGE / FISHMANS

us / MariMari rhythmkiller machinegun

不思議な世界で繰り広げられる、シュールでスウィートな物語。

アニメーションやコラージュ、ドキュメンタリー・・・。

手法は様々ですが、世の中にはそれまでの価値観をがらりと覆すような、
愛すべき奇妙なフィルムが沢山存在しています。

ここのところ、そんなアートフィルムに対する評価が高まり、
ヴィデオやDVDでそれらの作品が続けざまにリリースされています。

振りきれているものや不穏なもの、ズレているもの、飛ばしすぎ〜って笑っちゃうものが大好き。

一度ツボにはまると何度でも繰り返し観るから市販されるようになって本当に感謝です。

アートフィルム上映中

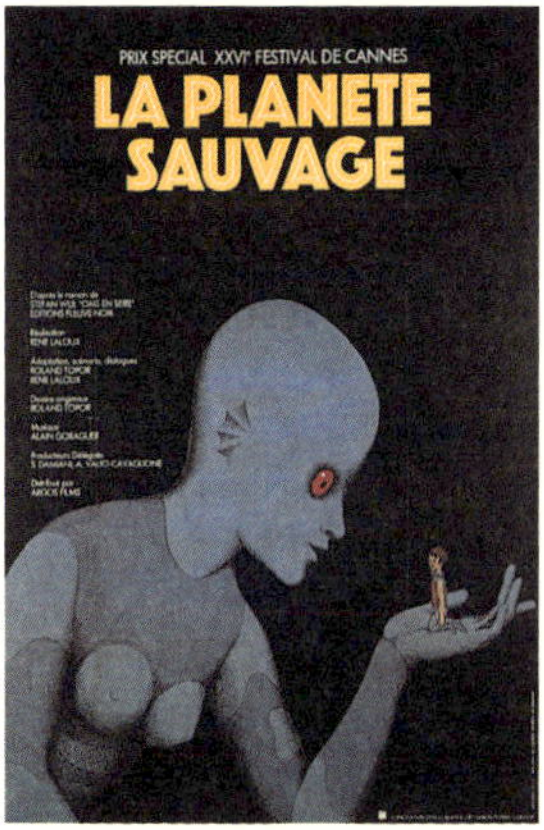

レイトショーで観たときに購入したポストカード。同じデザインのポスターがあったらお部屋に飾りたい。

数年前六本木俳優座で企画されたファンタスティック・アニメコレクションは、パンフレットのデザインも凝っています。

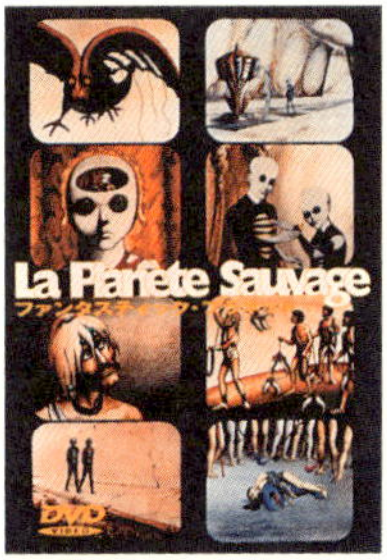

英語版で観ていたので字幕入りのDVDが出て大助かり。
発売元:IMAGICA.
販売元:パイオニアLDC

右ページ/フランスに行くたびにレコード屋さんや蚤の市を探し回ったサントラ。

下/ジャケットのデザインもなかなかだけど、中を開くともっと強烈です。格好良すぎてうっとりしちゃう。

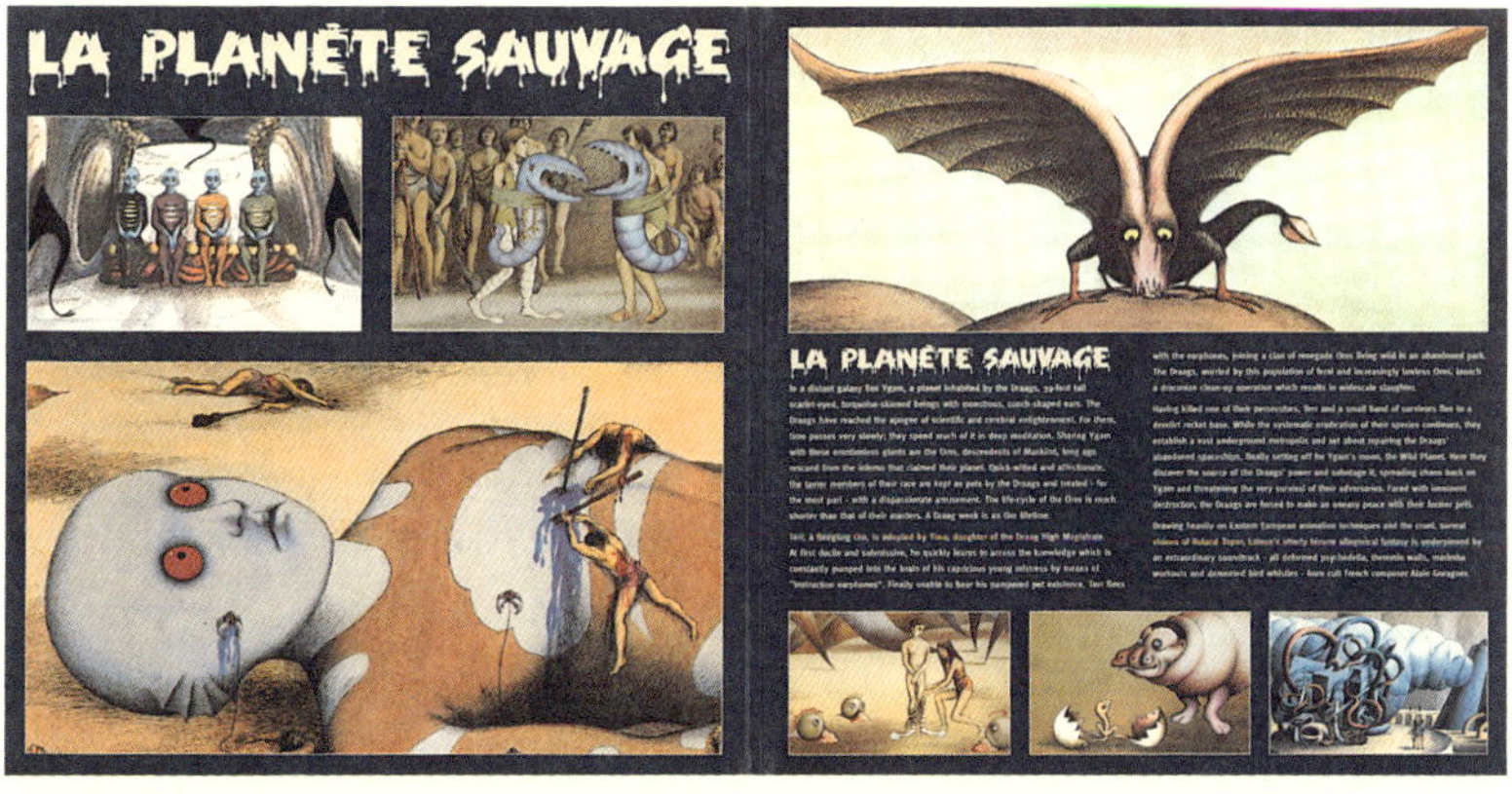

『ファンタスティック・プラネット』（原題『LA PLANETE SAUVAGE』）は、七三年のカンヌ映画祭で審査員特別賞に輝く、フランスとチェコの共同で制作された傑作。切り絵アニメーションのためか、セル画のアニメーションとは違ったどことなくぎこちない動きが不穏さを醸しだしています。不気味な生物たちが沢山登場しますが、中でも飛び抜けて衝撃的なのは人間たちを支配している青い体と赤い瞳を持つ種族。この作品の監督はルネ・ラルー、原画はロラン・トポール、四年の歳月をかけて作られた力作です。大学生の時に六本木のシネ・ヴィヴァンで観て、写真や実写ではありえない構図に「こんな世界もあったのか！」と映画学科への転科を真剣に考えたほどの衝撃を受けました。こってりディープな魅力で、スーザン・ピット監督のアート・アニメーション『アスパラガス』ともども頭の芯がしびれるような恍惚感が中毒になります。アートフィルムはシュガーコーティングされているものほど実は毒が強いので知恵熱が出ることも。

彫刻家として有名なアレクサンダー・カルダー。名古屋市美術館での企画展で出会ってすっかり惚れ込んだモビール作品は『Mobile By Alexander Calder』でたっぷり堪能して。初期のミニチュアサーカスの映像がおさめられた『カルダーズ・サーカス』はアメリカから届くのを心待ちにしている一本です。

映画やアートの分野だけでなく、あちこちにお気に入りはいっぱい。スケートボードのヴィデオ『JUMP OFF A BUILDING』は「きっと好きだよ〜」と友人が教えてくれた、やんちゃでクールな一本。アニメーションなども取り入れられている映像はテンポが良く、音楽のセンスも抜群です。上手な男の子が滑っている姿は思わず「お見事!」って声をかけたくなるほど。派手に転んでいるのを見るとうぅ痛そう…って躊躇しちゃうけれど、それでもやっぱり始めたいな。

アートフィルムの関連本は色々出ているので参考にしてみては。『ウィアード・ムービーズ・ア・ゴーゴー』は0号から愛読している映画の本。毎号の特集が素晴らしく、“ロリータ”、“コメディ”に続く3号は“アニメーション”。内容濃すぎで読み物としてもものすごく面白い必読の一冊です。ワンダーランドの探検に地図は必需品。あなたにピッタリの道しるべを示してくれるでしょう。

『Mobile By Alexander Calder』
Home Vision Cinema

『JUMP OFF A BUILDING』
TOY MACHINE

『weird movies a go! go! All THAT'S ANIMATION』
プチグラパブリッシング

ふらりふらりの旅時間

1

2

3

普段生活している環境と、全く違う所に身を置くのが好きです。一つの場所で暮らしていると、考え方や行動がパターン化しがち。キャパを越えてしまうとブレーカーが落ちるみたいに思考回路がパッタリと止まってしまうこともあります。それはココロと体からの危険信号なので、煮詰まる前にちょっとひと休み。往復のチケットと一泊目のホテル、最低限これだけ押さえたらあれこれ考えずに飛行機に乗って、あとはゆーっくり気楽に。これがわたしの「がんばりすぎない旅」の基本です。

5

4

6

7

1. ニースの海は開放的なブルー。太陽が違うだけで街の色や人々の表情もがらりと変わる、楽園のような場所。

2. ドイツの公衆電話はこんな形。アクリルの丸さと電話のシャープさが近未来的。欲しい!

3. ニースのシアター前でドラゴン発見。ドラゴン大好きなので一人ニヤニヤ。しかもシルバー。派手かわいい!

4. 雲海の写真も必ず撮ってしまうもの。二度と同じ景色に出会えないから惹かれるのでしょうか。

5. フランクフルトの現代美術館で一番気に入った作品。全体的にシュールな作品が多めでした。

6. ニースにあるマティスの美術館。抜けるような青空と鮮やかなミモザの黄色、建物の赤のコントラストが焼きついています。

7. 空港や飛行機が大好きだから、ますます旅が好きになるのかな?必ずカメラを向けてしまいます。

シンプルでフラットな自分に戻ってきもちの動きを見つめ直したいから、旅はいつも一人か二人がほとんどです。家族と住んでいると一人になって自分と向き合う時間はほとんどないから、旅に出ることでバランスを取っているのかもしれません。じっくり考えたり無駄をそぎ落とすことで、自分を濾過する良い機会。もちろん寂しい思いや危険な思いもするけれど、後になるとかえっていい思い出になります。

見たことのない風景や、自分のために存在しているとしか思えないものに出会えるのも旅の醍醐味。普段はどうしても制約や流行に流されがちだから、求めるものを素直に受け入れることでそれらと上手に距離を取るレッスンを。自分だけの規則性（＝味）があるセレクトがいちばん素敵です。なので、ガイドブックや雑誌の特集ももちろん参考にするけれど、あえていくつかピックアップする程度にとどめます。予想外の出会いがいちばん記憶に残るから、その余地を残しておきたいのです。

たとえば、デンマークのルイジアナ現代美術館。取材の合間の半日間で、電車を乗り継いでなんとか辿り着いた場所です。お庭も含めてとにかく敷地が広く、子供のための工作室のようなお部屋やプレイルームなど、施設も色々ありました。そこで目にとまったのはブロックで遊ぶ、のんびり親子。壁にはブロックをはめ込めるプレートが一面張り巡らしてあり、文字や絵が好き勝手に表現できるようになっています。アートってどうしても構えたり気負ったりしてしまいがちですが彼らはとてもナチュラルで、こういった何気ないシーンの中にこそアートは生まれるのだなと思いました。

想像力を働かせたり、感性を磨いたり、理解しようと努力したり。旅をしていると体中で考えたり感じたりするので、キャパとスキルが無限に広がっていく気がします。日本にいると情報が溢れているから、実際に手に取らなくても全てを手に入れたように錯覚して努力したり探求することをサボりがち。頭で考えずに、一歩を踏み出すこと。基本的だけどとても大切なことを旅は思い出させてくれます。

1. コペンハーゲンから電車で約二時間の街、オーデンセ。子供たちはお買物中のママを待っているの?

2. 赤い帽子と白いコートの素敵なコーディネート、ヨーロッパのおばあさまを見習って、お洒落心を持ち続けたい!

3. コペンハーゲンにある工芸美術館には、ヤコブセン他、世界的に有名なデザイナーの作品がザクザク。住みたい〜。

4. コペンハーゲン郊外にあるルイジアナ現代美術館。sigmar polkeを知れたのが大きな収穫でした。

5. ヤコブセンのレストランはそれ自体で完璧な空間なのだけど人が入ることでさらに魅力を増します。懐の深さに感服。

6. ヤコブセンのメニューは盛りつけがとても美しいから、ちょっと塩辛い味付けもご愛敬ってことで。

7. レストランのテラス席から見渡せるのは、映画のワンシーンのようなこんな風景。とても素敵なカップルでした。

8. ストックホルムにあるローゼンタールガーデンにて。ヨーロッパの子供服ってなんてかわいいのでしょう!

9. 湖もある大きな公園には、ひと休みのカフェもあります。カフェオレとチェリーパイは忘れられないおいしさ。

10. 夕焼けが好きです。昼と夜をつなぐ、夢のようなひととき。心を奪われる瞬間です。

マン島をてくてく探検。のんびり歩いていたからこそ、出会うことのできたシーンなのかもしれません。

イギリスとアイルランドの間に位置するケルトの国、マン島は石が沢山あって高い崖があるだけの、観光地っぽくない素朴なところ。こんなに遠く離れた場所で、同じように人が毎日の暮らしを営んでいること。当たり前のことかもしれないけれど、改めて凄いなぁと思いました。旅が好きなのは、実際にその地へ飛ぶことで、見たことのない風景や色彩を自分の目で見て感じることができるから。理屈ではなく、視野が広がるというのはこういうことなんだなぁと肌で感じることができるのです。この時はイギリスとアイルランド、合わせて約一ヶ月の旅だったのですが、この景色だけは数年経った今でもココロのポケットに大切にしまわれています。

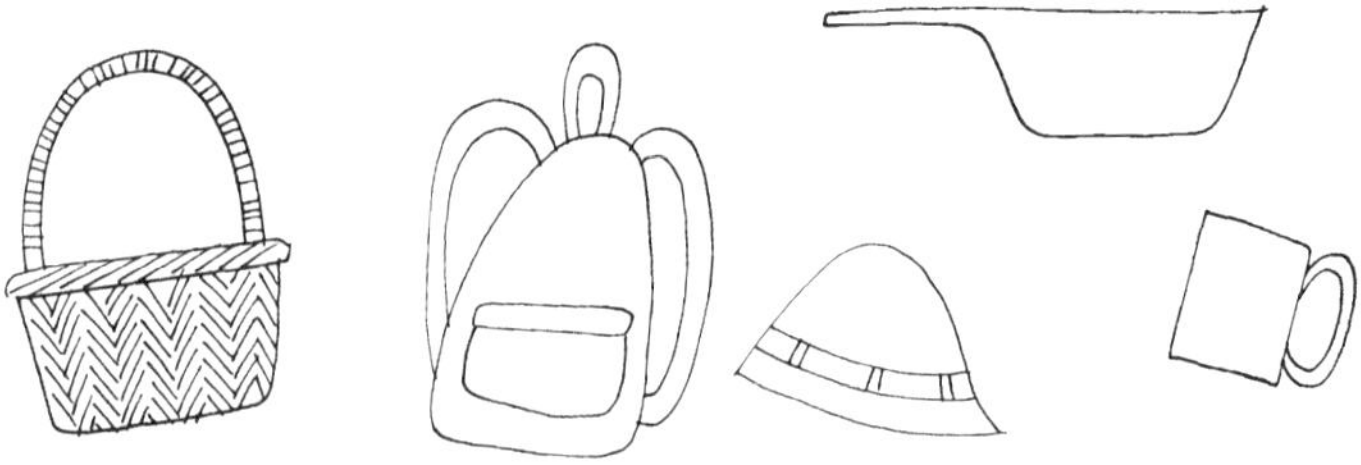

レジャーなある日

「なにか、ドキドキすることないかしら。」
そんな声をよく耳にします。もちろんワタシもそう思っている一人。大人になって、色々と経験して、大きく心を動かされる出来事がだんだんと減っていっている気がします。遊びや休日のすごし方も、そう。子供の頃は週末がとっても楽しみで、ワクワクして眠れないことさえあったくらい。抱えきれないほどの驚きや喜びを体中で受けとめようと一生懸命でした。それなのに、最近は満たされすぎて飽和状態なのか、慣れてしまったのか、なんとなくさらりとこなしている気がしていました。

年齢や時代や経験のせいにしてどんどん毎日がのっぺりしてしまうのは残念なので、あえて新しい事に挑戦するようにしています。例えば、スノーボードやフットサルは二十代後半から始めたスポーツ。大学に入るまではずっと部活漬けだったのに、入学したとたんにインドア&ローテク人間に変身。そのまま現在に至って相当の運動不足なのでこれじゃいけないよねってことで。最初はちょっと気後れするけれど、えいっと始めてしまえばすぐに体に馴染むのがスポーツの良いところ。お誘いがあった時にはできるだけ参加するように心がけています。

アウトドアもクセになります。定番のバーベキューからキノコ狩りや釣りなどバ

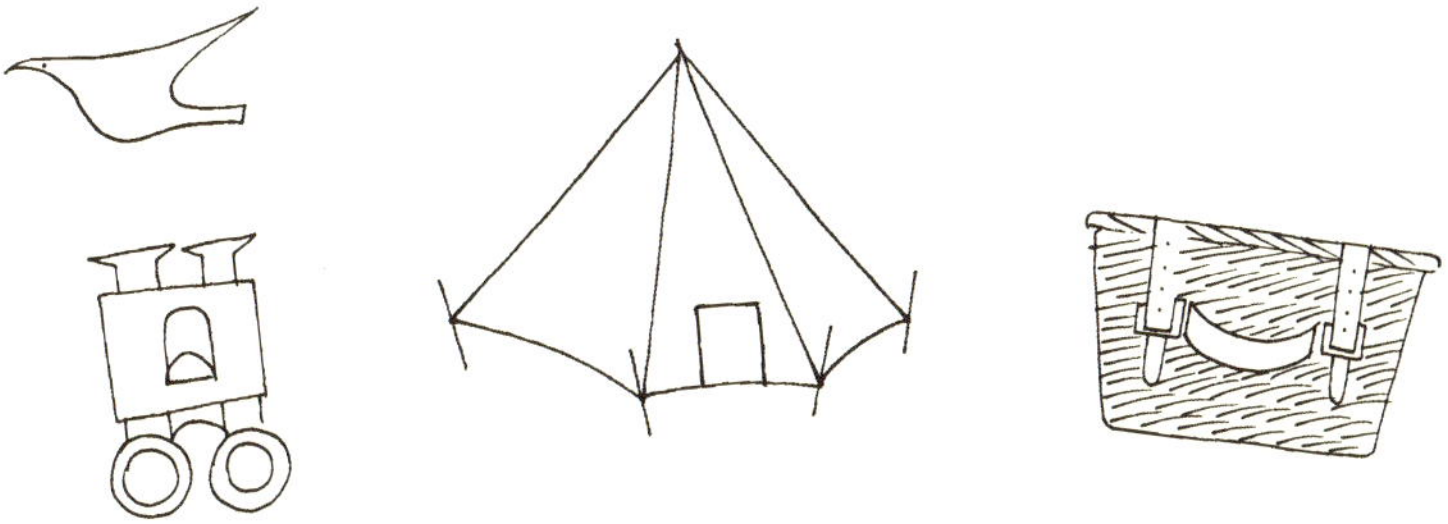

など魅力的なオプションをつけて今年こそは挑戦したいです。温泉など行き先も様々。日帰りもいいけれど一、二泊のキャンプも魅力的ですね。旅好きだった父は若い頃、車に一人用のテントを積んでしょっちゅう旅をしていたんですって。満天の星空、見たいなぁ。温泉などの魅力的なオプションをつけて今年こそは挑戦したいです。

季節の行事に便乗して、お花見や花火大会、雪合戦もオススメです。大人数の方が盛り上がるので、お友達やそのまたお友達にまで広く声をかけて。思いがけず新しい出会いがあるかもしれません。そうそう、大人数といえばドンジャラ大会をやろうと盛り上がったのをきっかけに「レクリエーション部」を結成。名古屋食べ歩き、東京食べ歩きに続き、次回はヴィデオや初期ファミコンを持ちよって山中湖に集合する予定です。

楽しむことに関してはいくらでもよくばっていいハズ。地図や時刻表を調べてコースや旅のしおりを作ったりＴＰＯに合わせて服装や気分をがらっと変えたりと、どれだけ楽しめるかは自分次第。仕事がハードならなおさら、オフは目一杯楽しく遊びたいなと思います。

ポラロイドと建築散歩

お散歩が大好きです。写真を撮るのもとても好き。あれこれ道草したりウロウロふらふらするのはもうすでに習性みたいなもので、より道ももちろん大歓迎。歩き疲れたら喫茶店でほっと一息。または古本屋さんや素敵なカフェなど気になる場所で足をとめて。自分なりの楽しみ方で街にあしあとをペタペタつけましょう。とっておきの隠れ家や行きつけのお店が少しずつ増えていくと、「今日はどのコースで行こうかな」って考える楽しみが生まれます。ここまで来たならお土産はあのお店のケーキにしようとか。ね、なかなか楽しそうでしょ。

国際子ども図書館
東京都台東区上野公園12-49　03-3827-2053
9：30-5：00／月曜祝日休館(5月5日以外)
旧帝国図書館。安藤忠雄建築研究所により修復増築され、国際子ども図書館と名称を改めました。ルネサンス様式の代表的な明治期洋風建築として、東京都選定歴史的建造物に指定。国内外の児童書とその関連資料を多数おさめています。

わたしはメモ魔・・・というか記録マニアなので、どこに行ったとか何があったとかいつも細々と書き留めています。なので、カメラはわたしにとって必要不可欠のアイテム。一眼レフに比べて軽量なので、お散歩のお供にポラロイドはとても重宝します。レンズを通すと、現実の風景がなんだかちょっと違って見える。シャッターをポンと押してピピーっと出てきた写真にはゆったりとしたまろやかな空気が流れています。自分というフィルターがかかった、手のひらサイズの別空間。写真がカタチに残るので、デジカメの便利さとはまた違った良さがあります。

東京大学の構内にて。アーチの形がステキでしょ。通ってみたいけれど絶対にムリね。

東京国立博物館はミュージアムショップも必見。鳥獣戯画グッズはここで買えますよ。

小規模ながらなかなか粋なたたずまい。本郷は愛らしい場所がほうぼうに残っています。

普段行かない街やなにげなく通りすぎている場所に注目するとぐんと行動範囲が広がります。エリアを決めて地図を片手にぶらぶらしても楽しい。特に下町や上野界隈は絵になる所が多く見どころも満載です。東京国立博物館や上野公園、黒田記念館、旧岩崎邸をぐるりと巡ったら、広大な敷地の東京大学でひと休み。構内は緑が生い茂っていて建物もエキゾチックな雰囲気なので、まるで東京じゃないみたい。案外閑散としているので、贅沢なごみのひとときをすごせます。本を持参してしばしの読書タイムもいいかも。ちょっと知的な気分を味わえます。

上野公園の中でもこんな慎ましい空間を発見。奥にある神社は、しんとしていて厳かな雰囲気。

旧岩崎邸和館ではお抹茶とお菓子をいただけます。味わい深いひとときをどうぞ。

国際こども図書館のお隣は黒田記念館。どちらも素晴らしい建物なのでハシゴして。

街を歩いていてしばしば目にする狛犬。数年前から無性に気になっていて、それぞれ顔かたちが違うので興味はつきません。お参りがてらにパシャっと一枚。あちらこちらで遭遇する度に写真を撮っているので、だいぶ数が増えてきました。そのうち狛犬アルバムでも作ろうかしら。もちろんお稲荷様だって大歓迎。動物ばかり集めても可愛いかもしれませんね。ネコのいる風景が好きでいつもなんとなくシャッターを押しているので、このテーマでもう一冊作れるなあ。犬ももちろん好きだけど、写真に撮るなら断然ネコ。いつだって不思議と絵になるんです。

旧東京音楽学校奏楽堂
東京都台東区上野公園8-43　03-3824-1988
9:30-4:30／日、火、木曜のみ公開
入館料・大人¥300
東京芸術大学音楽学部の前身、東京音楽学校の講堂兼音楽ホールとして建てられたもの。重要文化財。音楽教育の中心を担ってきましたが、建物の老朽化と機能面の問題から台東区が上野公園内に譲り受け移築。コンサートの開催あり。

愛用しているポラロイドカメラはチェキとポラロイド690の二台。チェキはもっぱらパーティ向けで、ラフに扱えてフィルムもお手ごろ価格だからライブやイベントの打ち上げなどのカジュアルな場で大活躍。ポラロイド690はクローズアップ機能やオートフォーカス機能がお役立ちの一眼レフポラロイド。ハイエンド機種だけど、どことなくユルいのです。まぁそれも味ということで、お散歩や旅行の時はこちらをお供に。思い出はピシリと鮮やかでなくて、ちょっと拙いくらいがちょうどいい。きっと微妙なアナログ感がますます胸をキュンとさせるのでしょう。

自由学園明日館
東京都豊島区西池袋2-31-3　03-3971-7535
10:00-4:30／月曜休館
入館料・大人¥400
フランク・ロイド・ライトと遠藤新（講堂のみ）が設計。デザインされた窓や照明、椅子などとても可愛らしい。重要文化財の指定を受けて使いながら保存する動態保存という形を採用。さらに200円でお茶とお菓子を頂くことも。

トートの中にポラロイドカメラを忍ばせて歩くのはなかなか楽しい。気になった風景は次々と自分のものにしちゃいます。後でアルバムを作るのももうひとつのとっておきの楽しみ。スケッチブックに貼りつけてイラストやコメントを加えたら写真日記のできあがりです。

有名な建築物でも建物の一部ならば撮影可能な施設も多いので、お散歩がてらより道してみては。時代背景や設計者などに詳しくなくても見ているだけで美しさが感じられるから誰でも気軽に楽しめます。

風流便り、和のひととき

ある秋の日に、遠くに住む方からひょっこり届いた、オリジナルのごちそう便。季節限定の栗餅は、一つ一つ作られたまじめなおいしさ。その土地の、その季節の空気も一緒に運ばれてきて、思わずほぉっとため息が。ていねいにお茶を入れて、ゆっくりゆっくり秋を味わいました。ツヤツヤした柚子が箱いっぱいに届いたことも。ちょうど冬至の頃の、なんとも粋なプレゼント。とても忙しい時期だったので嬉しい心づかいでした。

いただきものはいつもワクワクするので、こちらから差し上げる時もお相手の喜びそうなものを厳選します。食いしん坊のあの人へ、趣味の良いあの方へ。あれはどうかしら？こんなものもステキかもとあれこれ思いを巡らすのもなかなか楽しいものです。

以前、お花見のために和菓子を求めて京都へ行ったことがあります。植村義次の押物と月餅直正のごんぼ餅、数が限られているものは前もって予約をしておきます。大切に持ち帰った和菓子を囲んで鎌倉でお花見をしたのですが、なんだか

それがクセになってしまったみたい。美味しいもののためにわざわざ遠出したり、懐紙とほうじ茶のために新幹線に飛び乗ったりもします。最近はデパートなどで開催される各地の物産展なども、横目でちらりちらりとチェック。情報収集→注文→待つ時間…プロセスがいくつもあるから、きっとお取りよせも楽しそう。

旬の空気やおいしさをつかまえるには、日頃から季節に向き合って感覚を鋭くしておかなくちゃ。風の変わる日や街のにおい、夜のとばりが降りてくる瞬間、ほの明るい空にポッカリ浮かぶ三日月…。その時の気持ちの動きを忘れずに。

日本の行事は季節の区切りを形にしたもの。それぞれちゃんと意味があります。お正月、お雛祭り、七夕、お月見など、節目ごとに背筋を伸ばしたら、生活にリズムが生まれます。トラッドなお作法や背景を理解しつつ、無理せずにできる範囲でお祝いしたいですね。

玄関に小さくスタイリングしたり、親しい人たちとお食事会やお茶会もステキです。テーマはなんでも好きなものを。「豆まき」や「菜の花の会」、「銀杏のゆうべ」とかでもいい。美味しいお団子があるから集まりましょ！とか、周りの人に気軽に声をかけて。ほら、あなたも風流な人の仲間入りです。

銀座あけぼのの桜餅は見た目もかわいらしいので、お土産にいただいたらきっと嬉しいでしょう。白磁でもキレイにまとまるけれど、風合いのある粉引なら桜色の美しさがさらに引き立つはず。お花の形のお皿で茶目っ気と遊び心を加えて、お花の季節の演出です。女の子数人で音楽をかけたりお喋りしながらキャッキャと華やかに楽しむのが気分。美味しいお茶ももちろん忘れずに。

ふるや古賀音庵の古賀音だんごは常陸産の黒胡麻と和三盆糖を使用しているため、香り豊かな風味とまろやかな甘さが特徴です。手作りのつきたてだから、モチモチ感も格別で何本でもペロリ。お皿は常滑の陶器センターの倉庫で二〇〇円くらいで見つけたものですが、案外重宝しています。デザートを何品かのせても素敵かも。ゆるい作りが逆にかわいいので、ラフに盛りつけてみました。

うつわ珍道中

限られた予算の中で生活していると、どうしたって見えるところを優先しがち。でも服や外食だけでなく外から見えないところも全部トータルで「わたし」だから、いつどこを見られてもへっちゃらでいたい。テーブル(食)とベッド(睡眠)、基本的な生活はここからはじまります。ベース作りを妥協せず自分好みに整えておけば、後からの無駄な出費も抑えられて一石二鳥。

たとえばものすごく忙しくてお料理なんて無理だわという時でも、テイクアウトしてきたゴハンをプラスティックのパッケージのままテーブルにのせるのではなく、ちょっとの手間を惜しまないでお気に入りのお皿に盛りつけること。ほんの少しの気配りで美味しさやきもちは全く違ったものになります。味だけでなく視覚で満たされる部分も大いにあるから、食器やテーブルまわりは大切にしないとね。

旅行の際にうつわを抱えて帰る喜びは、割れてしまうかもというリスクやハラハラ感をはるかに越えるもの。海外のショップやアンティークマーケットは想像を絶するようなカワイイものがザクザクで、思わず小さく叫んでしまうこともしばしばです。特に北欧の田舎町のマーケットは格安でとびきりなものが手に入る超穴場なので、着いたらすぐにインフォメーションでスケジュールをチェック。極端に繊細なものでなければ案外トラブルは少ないので、長旅の途中で購入したって大丈夫。勇気を出して買ってしまいましょう。必需品の梱包材はちゃんと日本から持参して。現地で買った大きなカゴに丁寧に梱包したうつわをぴっちり詰めるのはホテルのお部屋での楽しい日課です。

国内でも窯元やアンティークショップ、神社で定期的に開催される骨董市など、なにかありそうと思ったらどんなところにでも行きます。骨董的価値のあるものだけでなくキッチュなものも多いので、若い人でもお散歩がてら気軽に品定めするいい機会。運が良ければ掘り出し物に出会えます。お湯のみとしてさりげなく使える古伊万里の蕎麦猪口をずっと探しているけれど、人気の絵柄やコンディションの良いものはお値段もなかなか。もっと目が肥えて、ふさわしい年齢になったら手に入れたいな。

長く使うものだから、うつわ選びは冷静に計画を立てます。日常使いのものは割れにくいことも重要なポイント。服以上にスタイリングの幅があるものだからカラーやセレクトで個性を出して。デザイン、使い勝手、状態、お値段など、基準をクリアしたら迷わずお買いあげです。

ふとっちょサカナのプレート/ロイヤル コペンハーゲン

一目惚れしたブルーグレーのプレートは、朝食ではサラダやバゲット、オムレツをのせ、お夕食ではお刺身を盛りつけたりと、朝から晩まで大活躍の一枚。シリーズで揃えたい！

やせっぽちサカナのプレート/ロイヤル コペンハーゲン

お薬味を盛りつけてテーブルにのせることが多いです。夏だと特にさわやか。シンプルだから男の子にもなかなか好評で、人気サイトk.h.i.を運営している友人にプレゼントしたことも。

鳥の六角皿/源右衛門窯

モダンな和食器はとても好き。これは鳥のモチーフがなんとも愛らしいのでお気に入りです。あまり深さがないから、フルーツを盛りつけるのが丁度良い。深みのあるブルーも上品です。

ミニお湯のみとおマメの小皿/風流生活

グラフィックデザイナーの岡部泉さんが作る食器、風流生活。白磁のシリーズを愛用しています。シャープなのにどこかほっこりしたフォルムが手に馴染んでいいかんじ。かなりお気に入りです。

旧白洲邸　武相荘

樺山伯爵家の次女として生まれ、十四歳で女性として初めて能の舞台に立った白洲正子さん。銀座で手染・手織の店「こうげい」を営み、日本の心や伝統工芸を守ることに尽力しました。また、文学や骨董にも飛び抜けて造形の深い人でした。

白洲正子さんはうつわを非常に愛した人で、織部や伊万里や北大路魯山人の作品など、自分の美意識に合ううつわを探したり買い求めることに熱心でした。お食事の時も、お料理とうつわの組み合わせが気に入るまで何度も移しかえたりしたそうです。

旧白州邸は白洲次郎・正子夫妻が昭和十八年に移ってきた住まいで、武蔵と相模の間に位置したことと、無愛想をかけて「武相荘」と名づけられました。わらぶき屋根の母屋は建物としてもとても美しく、お部屋の作りもほとんど変わらず残っているので、当時の彼等の生活を思い浮かべることができます。

武相荘は伝統文化と一人の女性の美意識を感じることができる場所。ミュージアムショップでは現代の作家さんの作品が所狭しと並べられており、日常使いに良さそうなものが沢山あります。

右ページ：長屋門（正面玄関）を外から見た写真。

上段右：白洲正子さんの書斎。当時の様子をそのままに、使い込まれた品々が展示してあります。

上段左上：邸内の囲炉裏端の様子。

上段左下：ミュージアムショップ内。作家もののうつわが所狭しと並んでいます。どれもこれもステキなものばかり。

右下：母屋外観も、こじんまりとして上品な雰囲気です。

旧白洲邸　武相荘（ぶあいそう）

東京都町田市能ヶ谷町一二八四

TEL　○四二（七三五）五七三二

十時～五時

月・火曜休館

キレイなものに囲まれて

お香の老舗松栄堂にはお洒落な梅のお香が。可憐!!

フクロウの朱肉入れ。このくらいモダンなものが好き。

鳩居堂のオリジナル絵はがき。季節ごとに大量購入。

和の雑貨には、時代を超えた美しさと愛らしさがあります。長い伝統と確かな技術の中に見え隠れする、ちょっとしたユーモアやセンスがたまらなくいとおしい。ウサギや辰、鳥獣戯画、鳥など、可愛らしいモチーフも沢山あるので、お部屋が動物だらけになりそうです。

　最近のお気に入りは、福岡市美術館で出会ったフクロウの朱肉入れ。鉄製なので壊れる心配もなく、安心して机の上に置いておけます。ヒョウタン型とウサギ型の印鑑を注文する予定なので、全部まとめて小箱におさめてもいいかも。お手紙を書く機会も増えるでしょうか。季節ごと

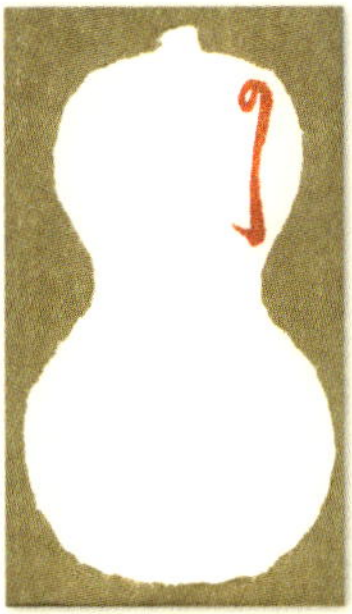

ヒョウタン柄は京都の嵩山堂はし本で。斬新なのにお上品。

銀座の平つかもお気に入りの一軒。乙女心に火がつきます。

いせ辰で購入の梅のポチ袋。誰にでも喜ばれる定番です。

日本で唯一の唐紙専門店、京都の唐長のコースター。

鳥のお箸置きは、近所のお茶専門店さつき濃で購入。

のイラストが小粋な鳩居堂の絵葉書にメッセージを筆でさらさら書きつけて、名前の横にポンと押したらできあがり。買っておいた記念切手を貼って、忘れないうちにポストへ急ぎます。

小さくて気のきいたものは年齢を問わず喜んでいただけます。常備してあると安心なものの筆頭はポチ袋。色々なお店で探したり、和菓子の包み紙などで自作しても。無地のものにシルクスクリーンで好きな柄を印刷し、オリジナルの一枚を作るのも良いアイディアです。

紙フェチなので和紙もものすごく好き。いつもお店に長居して、一人うっとりしています。用途は沢山ありますが、単行本のカヴァーに使うことが多いです。文庫本サイズのブックカヴァーはいろいろ選べるけれど、単行本はサイズがまちまちだからだったら自分で作ってしまおうと。何冊か並べておいてもキレイなので、谷中のいせ辰でいつも何枚かまとめ買いしておきます。

心を込めて作られたものは、作った方の気持ちが伝わるからこちらも背筋が伸びるのでしょう。長く大切に使って、一緒に年を重ねていきたい。そんな思いで美しいものを生活の中心に据えることで、暮らしに余裕が生まれます。和のアイテムには魔法があるなと、改めて実感しました。

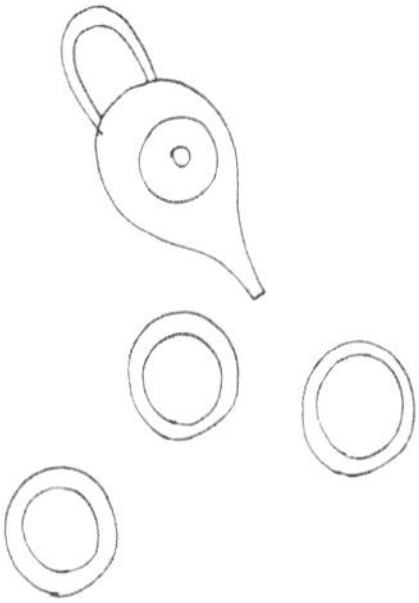

わたしのスタンダード

家族や親戚の多くがアパレルの仕事に携わっていたため、小さい頃からファッションビジネスを常に意識していました。物心がつく前からプチバトーを着てすごし、キルトのスカートや木のボタンがついたニット、ボーダーシャツ、エナメルのストラップシューズなど、ヨーロッパの上質でトラッドな服を通じてベーシックな着こなしを学んだのです。もしかしたらこの頃が最も着道楽だったのかも。

カーディガンやタートルセーター、マリンパンツ、ブラウス、セントジェームスの無地のボートネックはマイナーチェンジを繰り返しながら長年愛用している定番アイテム。靴はフラットでフェミニンなバレエシューズがお気に入りです。ここ数年はアントワープのステファン・シュナイダーやジョアンナ・ホーなど、カッティングに圧倒的な力量を感じるものやフォルムにひねりのあるものを好んで着ています。そして、ミナ・ペルフォネンはずっと着つづけたい特別な服。手に取った時のしあわせ感は、何度袖を通しても薄れません。

服の着こなしや好みは、流行やきもちの変化とともに変わっていくもの。最近少しずつ自由になっているみたい。何を持っているかではなくどう着こなすか。アイテムに縛られなくなったらちょっと大人になったように思えました。

ミナのタンバリンのハットはあったかかわいいのでお気に入り。ピンバッヂをつけて楽しみます。緑色の小物はアクセントとしても効果的なので大好きです。

帆布素材は見た目もさわやかだし汚れてもザブザブ洗えるから気楽。
アメリカン・ファーマシーのトートはブルーグレーのロゴと細めの持ち手がシック。

・トートバッグ

いつも荷物が多いから、Ａ４サイズがすっぽり入る大容量のトートバッグを愛用しています。時にはカメラを数台持ち運ぶこともあるので、できるだけ頑丈で軽いものを。肩からもかけられるけれど持ち手が長すぎないトート、どこかにないかしら。カゴとともに、常に横目で気にしつづけているアイテム。

・帽子

春はコットン、夏はストロー、秋冬はニットキャップやハットを目深にかぶるのが好き。日焼け防止とか防寒のためだけではなくて、マフラーやスカーフなどとおんなじで、頭や首まわりが包まれていると安心するように思えるのです。ちょっとだけウキウキした気分も添えてくれるのでよく身につけます。

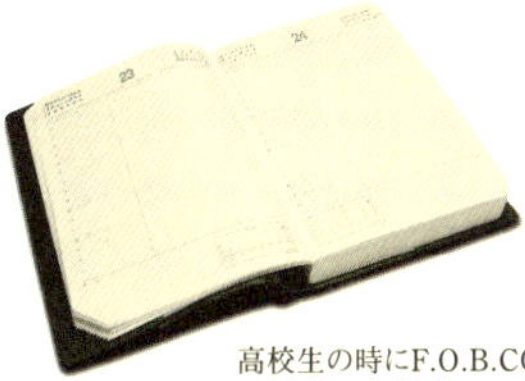

高校生の時にF.O.B.CO-OPで出会って以来、十年越しのおつきあいのQuoVadisの手帳。ものすごい量の情報が詰まっているのでなくしたら途方にくれるかも。

ミナのtori to hanaのエッグバッグ。同柄のスカートとどちらにしようか散々迷ってこちらを選びました。コロンとした形と柄が愛らしい、わたしの冬の定番。

春夏は麻素材のミニバッグを。ぶつかりあう色が真っ青な空に鮮やかにはえます。このバッグのおかげで色に対する感覚がずいぶん解放されました。

・小さなバッグ

携帯電話とお財布、ハンカチだけ入れてちょっと近くまでの時に便利。または大きなバッグの中に忍ばせたり、サブバッグとしても愛用しています。お洋服だとちょっと派手かしら…という柄でもバッグなら思いきって挑戦できるから、遊びごころをいっぱい詰め込んで。いくつでも欲しくなります。

・手帳

ちょっとおまけで、バッグの中を覗いてみましょう。必需品の手帳は使い勝手とデザイン重視で選びます。かなり色々な種類を使った結果、わたしの場合は一日一ページのものが良いみたい。思いついたことをあれこれ書き込める、第二のネタ帳&学習ノート。カラーはその年の気分で選びます。ちなみに今年は緑色。

きもちゆたかに

満足感や充足感というものは、一般的なものさしではかれるものではありません。わたしにしっくりくる感じ、その感覚だけを素直に受けとめたい。自分だけの小さなよろこびをたくさん持っている人って素敵だから、じっくり探して暮らしのあちこちにちりばめて。数は多くなくていいし、焦ることもないの。ピッタリなじむものを一つ一つ長い時間をかけて探します。

たとえば。お料理する時には厚手のコットン素材の割烹着と手ぬぐい二枚。割烹着は「やるぞっ！」ていう気分になるし、服も汚れません。手ぬぐいは、一枚は髪の毛をふわりと包んでキリリと結び、もう一枚は手を拭くのに使います。もちろんタオルでもいいけれど、季節や気分で色や柄を選ぶとなんだかウキウキするし、吸水性も抜群。心なしか集中力も高まってお料理も美味しくなるように思えるけれど、これは気のせいかしら。

ベッドまわりの布たちもとても大切。眠ることがとにかく重要なので、ここだけはほんのちょっと奮発します。一日の、一生の、一／四〜一／三の時間をベッドですごすのだから、妥協は禁物。服を買うつもりで出かけたのに、なぜかシーツを買ってしまった。そんなことが今までに何度もありました。

眠る時といえば、ベッドに入る前の一滴の香水はおまじないみたいなもの。お出かけの時はエチケットでつけることも多いけれど、眠るときは純粋に自分一人だけのため。その日の気分に合った香りを選びます。

ほかには。お部屋の中ではソックスかルームシューズ、たまに足袋。足が冷たいから、室内でも裸足ですごすことはほとんどありません。デンマークで見つけたブルーグレーのモロッコシューズは、各国を探し歩いてようやく見つけたシックな一足。落ち着いた色のものを長いこと探していたので、出会った時は嬉しかった。革はひんやりしていて熱を持たないから、季節は特に夏がいい。春と秋はお土産でいただいた韓国のコットンルームシューズ、冬は厚手のモコモコソックスか、ウールやフェルト素材のできるだけ暖かいものを選びます。できることなら、エスキモーのブーツを履いていたいくらい。

んー、こうやって色々あげてみると、結局はおうちの中でのできごとがほとんどですね。パーソナルな時間をきちんとすごしている人は、きっと、外に出てもちょうど良くリラックス。だから、見えないところや一人でいる時こそ「がんばらず、手を抜かず」。完璧になんて考えずに、のんびりと楽しみたいと思っています。

ジャムを煮て、ホッとして

お疲れ気分やもやもやしたものは、気づかないうちにどんどんたまってしまいます。こんがらがってしまったら、のんびり解きほぐしてあげるのがいちばん。お菓子作りはそんな時にピッタリです。きちんと手順を守れば必ず満足できるものができるから、日常生活の中でおろそかにしていることを反省しつつ手間を惜しまずゆっくりと。

よく作るのはスコーンやシフォンケーキ、親戚のおばちゃまから教えていただいた秘伝レシピのニューヨークチーズケーキ。アーモンドチュイールやスイートポテト、バニラビーンズがたっぷりのカスタードプリンは簡単にできて失敗もないから安心して作れます。

ていねいにジャムを煮ると、甘酸っぱい香りに包まれて気持ちがすーっと優しくなります。甘さをできるだけ控えめにして、果実のみずみずしさを素直にひき出すようにレシピ通りじっくりと煮つめます。お料理やお菓子をがんばって作るのはみんなで楽しくテーブルを囲むため。ホッペが喜んで、頬がキュンとくぼむ瞬間。それは嬉しいときの笑顔ととても似ているように思えるのです。

一日を気持ちよくスタートさせるために、朝ごはんはゆっくり沢山食べます。ベッドの中で、明日の朝は何を食べようかなーとお料理の本をパラパラしていたら、おなかがグーグーしちゃって眠れなくなったくらいの食いしん坊。その日によってメニューは変わるけれど、パンを抱えて帰るのがとても好きです。オー・バカナルのショコラはさくさくパリの味でバゲットやラスク、オリーブの入ったパンがお気に入り。それぞれのお店でお気に入りがあるから時には数軒ハシゴをしたりも。週末が近づくと途中下車してでも買いに走ります。

バターはもちろん代官山のヒルサイド・パントリーで買うカルピスバター。お値段はちょっと高いけれど、味わいが全然違うから手放せなくなりました。朝のパンやホットケーキにしかバターを使わないので、少しならば贅沢してもいいかなと思って。お塩やオリーブオイルなどの基本的な調味料も「気に入ったものを少しだけ」を心がけています。

三度のゴハンやおやつは毎日の区切り。暮らしに美味しいリズムが生まれます。忙しいのはあたりまえだからこそ、ひとときを大切にしたい。お鍋の中にあるしあわせは、自分の手で守っていくものです。

ぐっすり眠ろう
明日もいいこと、ありますように

おわりに

学生生活に別れを告げて早数年、ようやく自分のペースがつかめてきました。地に足のついたていねいな暮らしがいいなと考えるようになったのは、ごく自然なきもちの動き。情報やモノよりも身近な人との関係や自分自身をだいじにして、しあわせの記憶を少しずつ集めていきたいと思っています。

この本はフリーペーパーとして生まれ、後にCD付きのプチブックとなった『Siesta!』の五年間がぎゅっと詰まったものです。お茶の時間や眠る前など、ステキなひとときのお供になれば幸いです。

最後になりましたが、きめ細かな姿勢でご尽力くださった、エディター兵頭未香子さん、デザイナー高橋晃さん、イラストレーター山本祐布子さんに心から感謝いたします。

本当にありがとうございました。

大好きなタルトをおめあてに、足どりはずむ春の日に。

柳沢小実

假屋崎省吾

假屋崎省吾花教室
東京都渋谷区神宮前五−三十七−十三
〇三(三四〇〇)八七二〇
http://www.kariyazaki.jp/

大橋歩

イオグラフィック
http://www.iog.co.jp

ジョアンナ・ホー

http://www.johannaho.com

大原照子

英国骨董おおはら
東京都港区南青山四−二十六−八
〇三(三四〇九)八五〇六

フリーデンスライヒ・フンデルトヴァッサー

クンストハウス・ウィーン
http://www1.kunsthauswien.com

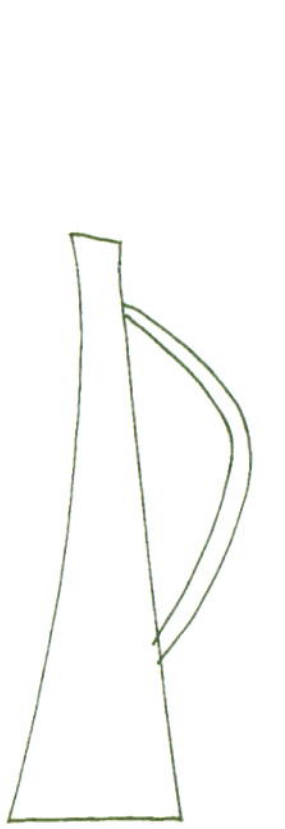

大阪市環境事業局舞洲工場
大阪市此花区北港白津一-二-四十八
〇六（六四六三）四一五三
http://www.city.osaka.jp/kankyojigyo/

かまわぬ（代官山本店）
東京都渋谷区猿楽町二十三-一
〇三（三七八〇）〇一八二

ル・クルーゼ・ジャポン
〇三（三五八五）〇一九七

銀座あけぼの（銀座本店） P.116
東京都中央区銀座五-七-十九
〇三（三五七一）三六四〇
http://www.ginza-akebono.co.jp

ふるや古賀音庵 P.117
東京都渋谷区幡ヶ谷三-一-四
〇三（三三七八）三〇〇三
http://www.koganean.co.jp

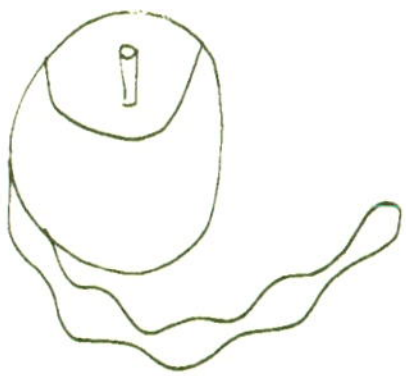

著者略歴

柳沢小実　やなぎさわ　このみ

一九七五年東京都生まれ。

日本大学芸術学部写真学科に在学中から、独学で本作りを学ぶ。

一九九七年にフリーペーパー『Siesta!』を創刊。1〜9号はフリーペーパー、10、11、13、14号は録りおろし音源収録の付録CD付きプチブック、12号はコンピレーションCDと各号形態を変えながら不定期で発行。

その他、雑誌への執筆やライブの企画、カフェイベント、音楽レーベルのコーディネートなどを手がける。

ていねいな暮らし

二〇〇三年四月三〇日　第一刷発行
二〇〇五年五月二〇日　第四刷発行

著者……………………柳沢小実
デザイン………………高橋晃（KLOKA）
イラストレーション…山本祐布子
発行所…………………新泉社
東京都文京区本郷二―五―一二
電話　〇三（三八一五）一六六二
ファックス　〇三（三八一五）一四二二
印刷……………………東京印書館
製本……………………榎本製本

ISBN4-7877-0305-6 C0076